필승 취·창업노트

한상진 김만석 김광우 김민호 김용기 김중기 최성규 황혜원

양 성 원

머리말

지난 몇 년간 건강보험 연계 대졸자 취업률 추이를 보면 전문대학은 67~68%, 4년제 대학은 64.5~66%, 대학원생은 77.5~79.2%로 나타났다. 이 결과를 살펴보면 대학 졸업자 중 1/3 정도는 취업이 어려운 것이 현실이다. IMF 이후에 청년들의 취업난은 해가 지남에 따라 계속해서 누적되어 사회적 문제가 심각한 상황이다.

한국경영자총협회의 신입사원 채용실태조사에서는 300인 이상 기업의 취업경쟁률을 보면 2015년 35.7 : 1에서 2017년 38.5 : 1로 7.8% 상승하였다고 보고하고 있으며 해마다 증가하는 추세이다. 취업경쟁률이 점점 증가하는 가운데 기업들은 경제상황의 불확실성으로 신입사원의 채용을 꺼리고 있고 경력사원들을 선호하는 현상이 나타나고 있으며 어렵게 취업을 해도 대졸 신입사원 중 1년 내 퇴사율이 27.7%로 해마다 증가하고 있다.

신입사원의 49.1%가 조직 및 직무적응 실패를 퇴사이유 1위로 뽑았다. 대졸자들의 취업률은 해마다 줄어드는데, 어렵게 입사하여도 1년 이내에 회사를 그만두고 다시 취업시장으로 돌아가는 것은 사회적으로 개인적으로 손실이 크다고 할 수 있다. 이런 현상 속에서 취업준비생들은 자연스럽게 창업에도 관심을 가지게 되었다. 그러나 창업을 하기 위해서 어떤 아이템을 선택하고 어떤 방식으로 창업을 준비해야 하는지에 대해서 정보가 없는 상태에서 막연하게 창업을 하고 싶어 하는 학생들이 많아지고 있다. 왜 이러한 현상이 일어나는가? 그 이유 중 하나는 대학생활 중에 자신의 미래를 결정하지 못하고 상황에 이끌려서 취업준비를 하거나 그 결정이 확신이나 이해가 부족한 가운데 선택하였기 때문일 것이다.

그렇기 때문에 대학생활 중에 자신의 진로를 결정하기 위한 준비가 필요하다. 취업을 할 수도, 창업을 할 수도 있지만 그 결정을 아무런 준비 없이 하는 것이 아니라 대학 안에서 차분하게 준비할 수 있도록 해야 할 것이다.

이런 사회적 현상은 대학에서 제대로 된 진로지도와 취업지도에 대한 부재에서 찾아볼 수 있다. 직업상담의 이론 중 Parsons(1909)는 직업지도에서 첫째는 개인에 대한 연구와, 둘째는 직업에 관한 조사를 통해서, 세 번째 개인과 직업을 연결시켜줌으로써 이루어지는 것이라고 주장하였다. 취업을 위한 첫 번째 단계로서 자신을 탐색하고 자신이 어떤 역량을 가지고 있는지 이해하기 위해서 노력하며, 무엇을 좋아하는가 등 자신에 대해 객관적인 이해와 탐색이 중요하다.

이 책은 대학생들에게는 짧은 시간에 취업준비를 해야 하는 상황에서 자신을 객관적으로 이해하고 자신의 진로, 취업과 관련된 문제와 원인을 알아보기 위해서 객관적인 심리검사와 워크시트 활동을 통해서 개인의 취업에 도움을 주도록 각장을 구성하였다. 이 책을 통하여 취업과 창업에 고민하는 대학생들에게 자신을 다시 돌아보고 자신의 미래를 적극적으로 설정할 수 있는 계기가 되었으면 한다. 앞으로 더욱 더 청년 취업난은 가중될 것으로 보여지는 이 시기에 자신이 원하는 꿈을 펼칠 수 있기를 바라는 마음을 전하는 바이다.

2018년 8월

저자 일동

차례

Chapter 04 실전 기업정보 탐색하기

Chapter 05 입사지원서 이해 1(이력서)

Chapter 06 입사지원서 이해 2(자기소개서)

Chapter 01

취업을 위한 성격의 이해

학습목표

1. 성격의 특성을 이해할 수 있다.
2. 자신의 성격검사 결과를 통해서 장·단점을 설명할 수 있다.

Chapter 01

취업을 위한 성격의 이해

01 성격의 이해

우리는 생활 속에서 자주 성격이라는 말을 한다. 예를 들면, '저 사람은 성격이 조용하다', 또는 '나는 성격이 활발하다' 등의 말을 하면서 성격이라는 말을 사용한다. 우리는 우리 자신과 다른 사람들이 어떻게 다른지 같은지에 관심이 있으며 이해하려고 노력한다. 그 부분에서 성격이라고 하는 것은 아주 중요하다. 성격은 "한 개인이 환경에 적응해 나아가는 과정에서 비교적 일관성 있게 나타나는 개인 특유의 행동과 사고의 양식"이라고 정의할 수 있다. 여기서는 일관성과 개인특유의 행동과 사고의 양식이라는 부분이 중요하다. 성격이란 "특정 상황에서 개인이 어떻게 행동할 것인가를 예측할 수 있게 해주는 것, 인간의 모든 행동과 관련되어 있는 것"을 말한다. 그것은 일상생활에서도 나타나지만 직업 환경 속에서도 중요한 작용을 하는 것을 알 수 있다. 그렇기 때문에 취업을 위해서 자신을 이해하는데 성격은 중요하다. 취업 고민을 하고 있는 학생이 있다면 자신에 대해서 이해하기 위해서 먼저 자신의 성격을 파악하는 것이 도움이 될 것이다.

기업에서는 직원을 뽑을 때 지원자의 성격을 중요하게 생각한다. 팀원으로 일을 하면서 또는 직무를 수행함에 있어서 지원자의 성격은 일관성 있게 나타나고 결과물을 만들어 낼 수 있는 부분이 있기 때문이다. 그렇기 때문에 자기소개서에 성격의 장·단점을 쓰게 하고, 면접에서도 자신의 특성이나 장점에 대해서 설명하게 하는 것이다. 그래서 지원자 입장인 학생들이 자신의 성격을 이해하는 것은 중요하다.

자신의 성격을 파악하는 데는 주관적인 판단과 객관적인 판단을 잘 통합하여 자신이 누구인지를 파악하는 것이 중요하겠다. 주관적인 판단은 자신이 느끼는 또는 타인이 전해주는 자신에 대한 것이고 객관적인 판단은 심리학적 이론에 기초하여 신뢰도, 타당도가 검증된 검사의 정보라고 할 수 있겠다. 객관적인 판단을 위해서 다양한 검사지들을 활용하여 자신의 특성을 파악하고 이해하는 것이 중요하다. 그러나 그 결과를 무조건 받아들이는 것은 위험하다. 검사의 결과는 자신을 이해하게 하는 데 어느 정도 도움을 주는 것이지 절대적이지는 않다.

성격을 측정하는 도구는 심리학 이론에 따라서 성격을 조금씩 다르게 정의하고 측정하고 있기 때문에 자신에 대한 깊이 있는 이해를 위해서는 하나의 검사로 자신을 판단하지 말고 다양한 검사를 통해서 자신을 이해하는 것이 좋다.

이번 장에서는 자신의 성격을 이해하기 위한 몇 가지 검사에 대해서 알아보도록 하겠다.

02 MBTI 성격유형검사

MBTI(Myers-Briggs Type Indicator)는 C. G. Jung의 심리유형론을 근거로 하여 Katherine Briggs와 Isabel Myers가 보다 쉽고 유용하게 활용할 수 있도록 개발한 자기보고식 성격유형검사이다. MBTI는 자기 자신뿐만 아니라 타인을 이해하는

데 많은 도움이 되고 있다. MBTI 검사는 외향형(Extraversion)과 내향형(Introversion), 감각형(Sensing)과 직관형(iNtuition), 사고형(Thinking)과 감정형(Feeling), 판단형(Judging)과 인식형(Perceiving)의 4가지 이분 척도 중 각 개인의 기질과 성향에 따라 하나의 범주에 속하게 되고, 이를 조합하여 16가지 유형으로 나뉘게 된다. MBTI의 4가지 선호경향을 설명하면 다음과 같다.

1) 4가지 선호경향

선호지표	외향형 E(Extraversion)	내향형 I(Introversion)
개념	외부세계에 관심이 있고 외부의 자극을 통해서 배우는 것을 선호한다.	자기 내부세계를 지향하고 생각한다면 행동하는 것을 선호한다.
특성	• 외부세계에 주의 집중한다. • 대인관계의 폭이 넓다. • 말로 표현하는 것을 좋아한다. • 사람과 사물에 초첨을 둔다. • 활동을 통해서 문제를 해결하려 한다.	• 자기 내부세계로 주의 집중한다. • 소수의 사람과 깊이 만난다. • 행동하기 전에 생각한다. • 아이디어와 내면에 초점을 둔다. • 집중력이 필요한 일을 선호한다.

선호지표	감각형 S(Sensing)	직관형 N(iNtuition)
개념	정보를 수집할 때 오감에 의존하며 경험을 중요시한다.	정보를 수집할 때 육감에 의존하고 가능성과 아이디어를 중요시한다.
특성	• 오감에 의존한다. • 현재에 초점을 둔다. • 일을 꼼꼼하게 한다. • 실제적이고 사실적 사항을 고려한다. • 단계적인 일처리를 한다.	• 육감에 의존한다(통찰적 사고). • 미래에 초점을 둔다. • 패턴과 의미를 본다. • 전체의 흐름을 고려한다. • 비유적 · 함축적 묘사를 선호한다.

선호지표	사고형 T(Thinking)	감정형 F(Feeling)
개념	객관적인 기준을 바탕으로 정보를 분석하고 결정한다.	자신과 다른 사람과의 관계를 중요시하며 주관적으로 판단을 한다.
특성	• 진실과 사실에 관심이 있다. • 원칙과 규범을 지키는 것이 중요하다. • 객관성과 공평성이 중요하다. • 논리적이고, 분석적이다. • 지적인 논평을 좋아한다.	• 조화를 중요시한다. • 관계와 나에게 주는 의미가 중요하다. • 전체적인 상황을 고려한다. • 우호적인 협력을 좋아한다. • 칭찬에 영향받는다.

선호지표	판단형 J(Judging)	인식형 P(Perceiving)
개념	체계적이고 분명한 목적을 가지고 계획을 실행한다.	목적과 방향은 상황에 따라 변하고 융통성을 가지고 적응한다.
특성	• 결정하고 계획한다. • 정리정돈이 되어 있어야 편하다. • 약속을 지키는 것이 중요하다. • 계획을 세우는 것을 좋아한다. • 명확한 순서와 구조를 좋아한다.	• 자율적이고 자발적으로 행동한다. • 상황에 따라 바뀔 수 있다. • 정해진 틀을 싫어한다. • 끝나기 전에 다른 일을 시작한다. • 일하면서 상황에 따라 계획을 세운다.

출처 : 한국심리검사연구소(,http://www.kpti.com)

2) 16개 유형 특징

유형	특징
ISTJ	• 신중하고 조용하며 집중력이 강하고 매사에 철저하며 책임감이 강하다. • 구체적 · 체계적 · 사실적 · 논리적 · 현실적인 성격을 띠고 있으며, 신뢰할 만하다.
ISTP	• 조용하고 과묵하며, 절제된 호기심을 가지고 인생을 관찰하고 분석한다. • 논리적 추론을 선호,객관적인 추론을 제외한 어떤 것에 의해서도 확신하지 않는다.
ESTP	• 현재 상황과 현재 존재하는 것 등 현실적인 것을 수용하는 것에 초점을 두기 때문에 뛰어난 문제해결사가 될 수 있다. • 선례를 따르거나 일반적으로 선호하는 방법에 얽매이지 않으므로, 근심이 없고 어떤 일이든 즐길 줄 안다.

ESTJ	• 일을 조직하여 프로젝트를 계획하고 추진하는 능력이 있다. • 사업이나 조직을 현실적, 사실적, 체계적, 논리적으로 이끌어 나가는 데 타고난 재능을 지녔다. 활동을 조직화하고 주도해 나가는 것을 좋아한다.
ISFJ	• 조용하고 친근하며 책임감 강하고 온정적이다. • 맡은 일에 헌신적이며 어떤 계획의 추진이나 집단에 안정감을 가져다 준다.
ISFP	• 깊은 감정은 거의 표면화되지 않고, 조용하며 수용적이고 마음이 여리다. • 의견의 충돌을 피하고 자기 견해나 가치를 타인에게 강요하지 않는다.
ESFP	• 마당발, 인생은 아름다워, 약속을 여러 군데 잡는다. • 친절하고 수용적이며 현실적, 실제적이다. 어떤 상황에도 잘 적응하고 타협적이다.
ESFJ	• 마음이 따뜻하고 이야기하기를 좋아한다. • 사람들에게 인기가 있고 양심이 바르며 남을 돕는 데 타고난 기질이 있고 집단에서도 능동적인 구성원이다.
INFJ	• 강한 직관력의 소유자로 창의력과 통찰력이 뛰어나다. • 인내심이 많고 독창적이며 필요하거나 원하는 일이라면 끝까지 이루려고 한다.
INFP	• 이해심 많고 적응력이 좋으며, 대체로 관대하고 개방적이다. • 정열적이고 충실하나 상대방을 잘 알기 전까지는 이를 드러내지 않는 편이다.
ENFP	• 계획은 있는데, 변경을 많이 한다. 즉흥적, 어느 분야에든 대체로 재능발휘를 한다. • 관심이 있는 일이라면 어떤 일이든지 척척 해내는 열성파이다.
ENFJ	• 다른 사람들의 생각이나 의견을 중히 여기고, 다른 사람들의 감정에 맞추어 일을 처리하려고 한다. • 편안하고 능란하게 계획을 내놓거나 집단을 이끌어 가는 능력이 있다.
INTJ	• 관심을 끄는 일이라면 남의 도움이 있든 없든 이를 계획하고 추진해 나가는 능력이 뛰어나다. • 자신과 다른 사람의 능력을 중요하게 여기며, 목적을 달성하기 위해 모든 시간과 노력을 바친다.
INTP	• 사람이 중심이 되는 가치보다는 아이디어에 관심이 많다. • 매우 분석적이고 논리적이며 객관적인 비평을 잘한다..
ENTP	• 새로운 일을 시도하고 추진하려는 의욕이 넘치며, 새로운 문제나 복잡한 문제를 해결하는 능력이 뛰어나고 달변가이다. • 사람들의 동향에 대해 기민하고 박식하다.

ENTJ	• 활동적이며 행정적인 일과 장기 계획을 선호하며, 논리적이고 분석적이다. • 조직적으로 계획하여 목적을 달성하기 위해 체계적으로 추진하는 지도자들이 많다. • 비능률적이거나 확실하지 않은 상황에 대해서는 인내심이 별로 없다. 필요한 경우 강하게 대처한다.

출처 : 한국심리검사연구소(,http://www.kpti.com)

03 에니어그램

에니어그램의 어원은 희랍어로 ennea는 "아홉"이고 gram은 "기술된 것"이란 뜻이다. 아홉 개의 꼭짓점을 지닌 별모양으로 제시되며, 각 꼭짓점은 성격유형을 나타내고 있다. 자아관찰의 도구로 개발되었는데, 사고방식, 정서적 습관, 인간관계를 맺는 방식이 각 유형에서 고유한 특성을 보여 준다고 설명한다. 에니어그램은 "인간을 9가지 유형으로 설명하는데, 인간은 각 개인마다 선천적으로 타고나는 심리적 경향이 있어 환경의 강화를 받아 그 개인의 성격유형으로 발달한다." 에니어그램은 자신이 무엇에 집착하고 있으며 무엇을 주저하고 두려워하고 과신하고 있는지를 깨닫고 자신의 가능성을 찾아내고 계발하기 위한 균형을 회복하도록 해주는 안내자이다.

에니어그램의 주된 목적은 자신의 성격유형을 '발견'하고 끊임없이 자신을 성찰하는 것이다. 에니어그램은 이러한 '나'에 대한 성찰과 다른 사람에 대한 이해를 돕는 안내자이며 사회적으로는 갈등을 조정할 수 있는 능력을 높일 수 있는 프로그램이다.

1) 힘의 중심

힘의 중심	유형	설명
본능 중심	1번, 8번, 9번	• 자발적이고 본능적인 본능으로 반응하기 쉽다. • 몸이 먼저 움직인다. • 낌새를 알아차리는 본능이 강하다. • 무의식적으로 힘과 정의에 관심을 갖는다. • 새로운 상황에서 그들은 '내가 여기 있다. 알아서 해라'는 방식으로 있다. • 분노와 추진력과 관련된 숙제를 공통적으로 가지고 있다.
감정 중심	2번, 3번, 4번	• 삶의 에너지를 인간관계에서 얻거나 빼앗긴다. • 주관적인 감각의 세계에 살며 예민한 촉각과 감각이 발달되어 있다. • 무의식적으로 자아 이미지에 관심을 기울인다. • 다른 사람과 자신이 어떻게 어울리는지 살펴보고 사람들의 반응을 살핀다. • 새로운 상황에서 그들은 사람들을 향해 나아가며/후퇴하며 '당신은 나를 어떻게 느끼는가?' 또는 '나에게 이 사람들은 누군가?'라고 묻는다. • 외로움과 슬픔, 수치심과 열등감과 연관된 감정문제를 공통적으로 안고 있다.
사고 중심	5번, 6번, 7번	• 전체 상황을 살펴보고 성찰하기 위하여 대개 한 걸음 물러나 객관적으로 판단하고 생각하고 문제를 머리에서 다룬 후 반응하는 편이다. • 불안감에 관심을 가진다. • 의무감과 명령에 관한 감각이 발달되어 있으며 인생을 풀어야 할 하나의 수수께끼로 인식하고 있다. • 담담하고 객관적인 표정 뒤에 감정을 숨기거나/잊어버리고 의무와 당위성에 따라 행동하는 편이다. • 공허함, 고립감, 무의미함, 혼돈에 시달릴 수 있다. • 두려움과 불안에 관련된 문제를 공통적으로 가진다.

2) 9가지 유형

유형	설명
1번 개혁가	• 정확하게 일을 처리하며 체계적이고 꼼꼼한 사람이다. • 원칙을 잘 지키고, 공정하며 최선을 다한다. • 완벽해지려고 애를 쓰면 쓸수록 제대로 되어 있지 않은 것만 눈에 띈다. • 자기 자신뿐만 아니라 남도 과도하게 비판한다. • 자신의 내면에 분노가 많으나 정작 본인은 알지 못한다. • 장점 : 침착함, 약점 : 화를 냄
2번 조력가	• 무언가 남에게 줄 수 있고 필요한 사람이다. • 동정심이 많고 남의 필요에 민감하다. • 내 일을 제쳐놓고 궂은일을 마다하지 않는다. • 남을 돕지 않으면 자신을 쓸모없는 사람이라 생각한다. • 남이 도움을 원하지 않거나, 고마워하지 않으면 섭섭해 한다. • 장점 : 겸허, 약점 : 자만심
3번 성취자	• 현대사회에 적합한, 유능하고 자신감이 넘치며 활동적인 사람이다. • 사교적이며 뛰어난 적응력과 판단력이 있다. 화술도 좋고 매력적이다. • 성공적인 인물로 남에게 주목받고 싶은 것이 중요하다. • 일의 실패는 인생의 실패라고 생각하며, 자신이나 타인의 감정을 외면한다. • 장점 : 정직, 약점 : 기만
4번 예술가	• 미적으로 매혹적이고, 스타일에 대한 감각이 남다른 사람이다. • 세상을 아름답게 하는 사람들이이다. • 정서적인 강도가 높아서 다른 사람의 감정도 잘 이해한다. • 자신의 고통은 특별하다고 생각하기 때문에, 정상적인 것이나 평범한 것을 진부하다고 느끼며 회피한다. • 현재에 만족하지 못한다. • 장점 : 마음의 평안, 약점 : 선망
5번 탐구자	• 지적이며 사려가 깊고 수용적인 사람이다. • 심사숙고하고 신중하며, 현실에 대한 예리한 관찰자이다. • 객관적이고 지혜로운 명상가이다. • 모든 것을 알아야 된다고 생각하기 때문에, 삶에 뛰어 들기가 쉽지 않다. • 자기만의 공간과 시간을 필요로 하며, 지식이나 지혜를 잘 나누려고도 하지 않는다. • 장점 : 애착하지 않음, 약점 : 탐욕

6번 충성가	• 규범을 잘 지키며, 상부상조할 줄 알고 신중한 사람이다. • 책임감이 강하고, 충실하며 믿음직한 사람이고, 조화를 이룬다. • 세상을 위협적으로 느끼기 때문에, 안전해지기 위한 방편으로 법, 규칙, 상식 등의 외적 권위를 따른다. • 걱정, 근심, 불안, 공포에 자주 시달린다. • 일상에서 벗어나질 못한다. • 장점 : 용기, 약점 : 두려움
7번 낙천가	• 인생을 하나의 선물처럼 체험하고 감사하는 사람이다. • 자유분방하고 모험심이 많다. • 아이디어가 넘치는 다재다능한 사람이다. • '재미'가 모든 일을 결정한다. • 짜릿한 흥분이나 자극을 과도하게 추구하며, 고통을 결사적으로 회피한다. • 장점 : 절제, 약점 : 정열
8번 지도자	• 열정적이고 대담하며 용기가 있는 사람이다. • 타고난 리더이며 카리스마가 있다. • 정의의 투사로서 위선과 불의를 보면 참지를 못한다. • 모든 것을 지배하고 통제해야 한다고 생각하기 때문에, 무능하고 연약한 사람을 경멸하고 공격한다. • 자신의 약점과 한계를 인정하지 않는다. • 장점 : 적절한 힘, 약점 : 과도한 욕망
9번 중재자	• 평화로움과 안정감을 주는 사람이다. • 누구에게나 무엇이든 허용한다. • 공평한 중재자이며, 온유하고 관대하며 편안한 사람이다. • 비폭력 저항가이다. • 문제가 저절로 해결되거나 누군가가 떠맡을 때까지 버틴다. • 장점 : 행동으로 옮기기, 약점 : 게으름

04 성격의 5요인모델

1) 5요인모델

5가지 성격특성요소(Big Five personality traits)는 심리학에서 경험적인 조사와 연구를 통하여 정립한 성격특성의 다섯 가지 주요한 요소 혹은 차원을 말한다. 신경성, 외향성, 친화성, 성실성, 경험에 대한 개방성의 다섯 가지 요소가 있으며, Costa & McCrae에 의해서 집대성된 모델로 다양한 나라에서 그 유효성이 확인된 바 있다. 이 다섯 가지 요소로 이루어진 모델은 영문 스펠링의 첫 자를 따서 OCEAN 모델이라고 불리기도 한다.

여기서는 노동부 사이트 워크넷에 있는 직업심리검사의 직업선호도검사 L형에서 나오는 5가지 성격 요소 및 간단한 설명은 다음과 같다.

요인	특징
외향성 (Extraversion)	• 타인과의 상호작용을 원하고 타인의 관심을 끌고자 하는 정도를 나타낸다. • 사교적인, 어울리기 좋아하며, 말을 많이 한다. • 자기 주장적인, 모험을 좋아하는, 활기에 찬, 포부 있는 등의 언어적 묘사로 대표되고 있다. • 외향성이 높은 개인은 즐거움과 자극을 추구하고 활발한 경향이 있어 힘이 넘치고 낙천적이다. 다른 사람과의 사교, 자극과 활력을 추구하는 성향 : 사회와 현실 세계에 대해 의욕적으로 접근하는 속성과 관련된 것으로, 사회성, 활동성, 적극성과 같은 특질을 포함
호감성 (Agreeableness)	• 타인과 편안하고 조화로운 관계를 유지하는 정도를 나타낸다. • 호감성이 높은 개인은 기본적으로 이타적인 특성을 가지고 있다. • 예의 바른, 착한, 너그러운, 감정 이입적인, 보살피는, 마음이 고운, 인내심이 있는 등과 같은 특질을 포함하고 있다. • 호감성은 사회적으로나 심리적으로 건강한 생활을 하게 한다.

	타인에게 반항적이지 않은 협조적인 태도를 보이는 성향 : 사회적 적응성과 타인에 대한 공동체적 속성을 나타내는 것으로, 이타심, 애정, 신뢰, 배려, 겸손 등과 같은 특질을 포함
성실성 (Conscientiousness)	• 사회적 규칙, 규범, 원칙들을 지키고자 하는 특성을 나타낸다. • 세심한, 철저한, 책임감이 있는, 조직적인, 효율적인, 계획적인 등과 같은 신뢰를 특질로만 구성되어 있다. • 성실성이 높은 사람들은 목적 지향적이고 강한 의지를 가지고 있다. • 시간을 엄수하고 자신의 의무에 철저히 한다. • 까탈스럽고 고지식하다는 평가를 받기도 한다. 목표를 성취하기 위해 성실하게 노력하는 성향 : 과제 및 목적 지향성을 촉진하는 속성과 관련된 것으로, 심사숙고, 규준이나 규칙의 준수, 계획 세우기, 조직화, 과제의 준비 등과 같은 특질을 포함
정서적 불안정성 (Neuroticism)	• 성격 5요인 척도 중 적응이나 정서적 불안정성과 가장 관련된 척도이다. • 자신이 주어진 환경을 얼마나 통제할 수 있느냐와 세상을 쓸데없이 위협적으로 보지 않는 정도를 나타낸다. • 정서적 불안정성이 높은 사람은 사고가 비합리적이고 충동 조절을 하지 못해 스트레스에 매우 취약하다. • 불안한, 우울한, 화난, 불안정한, 신경질적인, 두려워하는, 걱정하는 등과 같은 특질이 포함된다. 분노, 우울함, 불안감과 같은 불쾌한 정서를 쉽게 느끼는 성향 : 걱정, 부정적 감정 등과 같은 바람직하지 못한 행동과 관계된 것으로, 걱정, 두려움, 슬픔, 긴장 등과 같은 특질을 포함(정서적 안정성은 정서적 불안정성과 반대되는 특징)
경험에 대한 개방성 (Openness to Experience)	• 지적 자극, 변화, 다양성을 좋아하는 정도를 나타낸다. • 개방적인 사람들은 자신의 내부나 외부 세계 모두에 관심을 기울이고 풍부한 경험을 즐긴다. • 고상한 아이디어에서부터 관습적이지 않은 일까지 경험하기를 원하고, 감정 경험에서도 긍정적 경험뿐만 아니라 부정적 경험도 마다하지 않는다. 상상력, 호기심, 모험심, 예술적 감각 등으로 보수주의에 반대하는 성향 : 개인의 심리 및 경험의 다양성과 관련된 것으로, 지능, 상상력, 고정관념의 타파, 심미적인 것에 대한 관심, 다양성에 대한 욕구, 품위 등과 관련된 특질을 포함

2) 직업선호도검사 L형 – 성격검사의 구성

성격 5요인	외향성	호감성	성실성	정서적 불안정성	경험에 대한개방성
하위요인	온정성 사교성 리더십 적극성 긍정성	타인에 대한 믿음 도덕성 타인에 대한 배려 수용성 겸손 휴머니즘	유능감 조직화능력 책임감 목표지향성 자기통제력 완벽성	불안 분노 우울 자의식 충동성 스트레스 취약성	상상력 문화 정서 경험 추구 지적호기심

출처 : 워크넷 참조

Worksheet 1-1

아래의 형용사 목록 중에 자신을 나타내는 성격을 체크해 봅시다.
조원들 또는 친한 친구들에게도 자신을 보면서 느껴지는 형용사를 체크하게 합니다. 내가 생각하는 나와 남이 생각하는 나는 어떤 것들이 같고 어떤 것들이 다른지 알 수 있습니다. 여기에 없는 형용사가 있다면 추가해도 됩니다. 자신만의 키워드를 찾는 데 도움이 될 것입니다.

형용사	자신	타인	형용사	자신	타인	형용사	자신	타인
절약하는			명랑한			신중한		
겸손한			민첩한			야망에 찬		
관대한			발랄한			온순한		
근심이 없는			부지런한			외향적인		
긍정적인			분별 있는			집중할 수 있는		
낙천적인			붙임성 있는			모험적인		
내성적인			사교적인			분석적인		
너그러운			사려 깊은			적극적인		
느긋한			상냥한			조용한		
다정한			성실한			경쟁적인		
단호한			솔직한			효율적인		
대담한			순발력 있는			호기심 많은		
따뜻한			신뢰할 수 있는			인내심 있는		
배려심 있는			집요한			충실한		
정밀한			정확한			의욕적인		
자신감 있는			열광적인			계획적인		
자제력 있는			정직한			빠른		
감성적인			독창적인			태평스러운		
불굴의			시간을 지키는			안정된		
엄한			조심스러운			도와주는		

Worksheet 1-1

1. 자신이 선택한 형용사 중 비슷한 단어를 그룹지어 조원들과 이야기해 봅시다.

순위	비슷한 형용사	자신이 생각했을 때 공통적인 이유 쓰기
1		
2		
3		
4		
5		

Worksheet 1-1

2. 자신이 선택한 형용사 중 몇 가지를 선택해서 경험했던 자신의 이야기를 쓰고 조원들과 이야기해 봅시다.

순위	형용사	내 경험 이야기
예	충실한	내가 했던 아르바이트가 아침 7시부터 하는 아르바이트였는데, 한 번도 지각한 적도 없고 빠진 적이 없어서 사장님이 좋아하셨고 난 더 많은 책임을 부여받았다.
1		
2		
3		
4		
5		

Worksheet 1-2

◈ MBTI 검사받아 보기

1. MBTI 성격유형 중 나는 어느 유형에 속하는지 교재를 읽고 생각해서 표시해 봅시다.

유형	선택	특징	선택	유형
외향형 E		에너지의 방향		내향형 I
감각형 S		정보수집		직관형 N
사고형 T		판단의 기준		감정형 F
판단형 J		행동양식		인식형 P

2. 학교 내 상담소나 취업 관련 부서에서 MBTI검사를 받아봅시다. 그리고 그 결과를 적어봅시다.

1) MBTI 검사 결과

2) 검사의 결과와 나의 생각에서 일치하는 부분은 어떤 것인가?

3) 검사의 결과와 나의 생각에서 새롭게 느낀 것이나 알게 된 것은 무엇인가?

Worksheet 1-3

◈ 에니어그램 검사받아 보기

1. 에니어그램 중 나는 어느 유형에 속하는지 교재를 읽고 생각해서 *로 표시해 봅시다.

매우 그렇다 *****/ 조금 그렇다 ****/ 보통 ***/조금 아니다 **/전혀 아니다 *

유형	체크	유형	체크
1번 개혁가		6번 충성가	
2번 조력가		7번 낙천가	
3번 성취자		8번 지도자	
4번 예술가		9번 중재자	
5번 탐구자			

2. 학교 내 상담소나 취업 관련 부서에서 에니어그램 검사를 받아봅시다. 그리고 그 결과를 적어봅시다.

1) 에니어그램 검사 결과

Worksheet 1-3

2) 검사의 결과와 나의 생각에서 일치하는 부분은 어떤 것인가?

3) 검사의 결과와 나의 생각에서 새롭게 느낀 것이나 알게 된 것은 무엇인가?

Worksheet 1-4

◈ 성격 5요인 검사받아 보기(직업선호도검사 L형)

1. 워크넷에서 직업선호도검사 L형 실시 후 성격 5요인 부분의 결과를 적어봅시다.

1) 내 성격의 강점은 무엇인가요?

2) 부족한 부분은 무엇인가요?

3) 내 강점과 관련 있는 직업들은 어떤 특징이 있을까요?

4) 내가 싫어하는 직업 환경은 어떤 것이 있을까요?

Chapter 02

취업을 위한 자기이해 (흥미, 적성, 가치관)

학습목표

1. 자기이해(흥미, 적성, 가치관)의 의미를 이해할 수 있다.
2. 자기이해(흥미, 적성, 가치관)의 특성을 알고 진로를 탐색해 본다.

Chapter

02

취업을 위한 자기이해(흥미, 적성, 가치관)

01 흥미

자신의 진로와 취업을 위해서 고려해야 할 조건은 많다. 이번 장에서는 그 중에서도 흥미, 적성, 가치관에 대해서 알아보도록 하겠다.

과거 부모세대는 직업을 결정할 때 잘하는 것을 선택하는 경우가 많았는데, 지금의 자녀세대는 자신이 좋아하는 것을 선택하려고 하는 경향이 있다. 취업을 준비할 때 자신이 무엇에 관심이 있고 무엇을 할 때 즐거움을 느끼는지가 중요해지고 있다. 자신이 좋아하는 일을 할 때 우리는 행복감을 느끼고 즐거움을 느끼기 때문이다.

흥미는 '어떤 대상이나 경험에 대해서 계속해서 몰두해 나가는 것'을 의미한다. 우리는 흥미가 생길 때 자발적으로 그것에 집중하게 되고 관심을 가지고 계속해 나가려고 한다. 전공에서도 중요하게 여겨지는 부분이다. 우리가 전공에 흥미가 생기면 그와 관련된 직업에 자발적으로 관심이 생기고 집중하게 되는 것이다. 직업에서의 흥미는 다양한 직업 중에서 어떤 특정 직업군에 대해서 관심을 가지고 만족감을 느낄 수 있을 것이다. 사람에게 흥미가 있는 사람은 당연히 사람들과 함께 있을 때 관심을 가지게 되고 그와 관련된 직업에서 만족감을 느낄 것이다.

1) 진로흥미이론

Holland(1992)는 여섯 가지 성격유형을 제시하였고 그에 적합한 여섯 가지 직업 환경이 있다고 주장하였다. 지금까지 진로흥미 관련 검사는 Holland의 이론을 기초를 만들어지고 있다. 자신의 흥미유형에 잘 어울릴 수 있는 직업 환경이 있으며 그 직업적 환경에서 일을 하면 즐겁게 또 오래 일할 수 있고 성공 가능성이 증가할 수 있다고 가정하고 있다. 또한 사람들은 자신과 비슷한 동료들과 일할 때 만족도도 커진다. 각 유형의 특징은 다음과 같다.

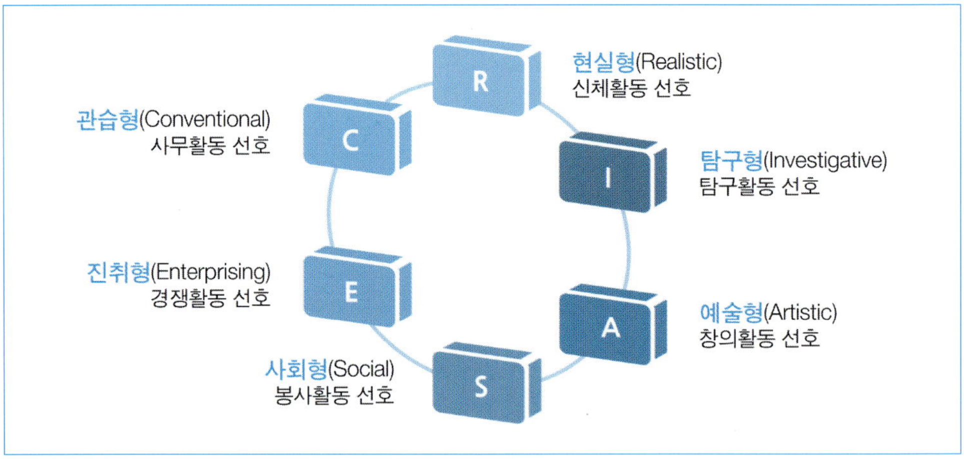

그림 1-1 Holland의 직업흥미유형에 대한 육각형 모형

유형	특성
현실형 (Realistic)	• 기계, 연장, 도구를 다루는 소질이 있다. • 신체활동을 선호한다. • 사교능력 및 대인관계에서 감정을 표현하는 것을 어려워한다. • 실용성과 기능성을 중시한다. • 손재주가 있거나 기구를 잘 다룬다.
탐구형 (Investigative)	• 학문적인 호기심이 있다. • 분석, 논리적, 문제해결에 관심이 있다. • 사람과의 접촉을 즐기지 않는다. • 관찰, 연구, 조사하는 것을 좋아한다. • 문제를 체계적이고 과학적 방식으로 풀어 나간다.
예술형 (Artistic)	• 창의성과 아이디어가 중요하다. • 새로운 방식으로 표현하는 것을 좋아한다. • 미술, 음악, 연기, 영화 등을 좋아한다. • 틀에 박힌 환경을 좋아하지 않는다. • 감수성이 예민하고 감정의 기복이 있다.
사회형 (Social)	• 사람들과 협력하는 일을 좋아한다. • 사람들을 가르치고 도와주는 일을 좋아한다. • 사람들과 상호작용이 필요한 환경을 좋아한다. • 도움을 주는 것을 가치 있게 생각한다. • 사람들을 중재하고 연락한다.
진취형 (Enterprising)	• 관리하고 계획하고 결정하는 것을 좋아한다. • 영향력을 미치는 것을 좋아한다. • 타인을 지배하고 통제하려 한다. • 지도력과 언어능력이 뛰어나다. • 야심적이고 경쟁심이 있다.
관습형 (Conventional)	• 체계적인 구조에서 일하는 것을 좋아한다. • 꼼꼼하다. • 정해진 원칙과 계획을 따른다. • 자료를 정리하고 분석하는 것을 좋아한다. • 성실하고 끈기가 있다.

출처 : 워크넷 참조

2) 직업선호도검사(L형)

검사의 목적은 대학생의 흥미, 성격, 생활경험과 심리특성을 이해하고 종합적 검사 결과의 해석을 통해서 진로탐색과 직업선택에 도움을 주기 위해 개발된 것이다.

검사의 특징 및 장점은 흥미검사, 성격검사, 생활사검사의 하위검사로 이루어져 있다. 개인의 심리특성에 대한 종합적 이해에 도움이 되며 진로탐색과 직업선택에 도움을 준다. 또한 적합한 직업에 대한 직업정보를 탐색할 수 있다. 검사는 L형과 S형이 있어서 검사의 목적에 따라서 선택이 가능하다.

검사의 구성 및 내용은 홀랜드이론을 바탕으로 흥미검사는 6개 흥미요인을 5개 하위척도로 측정한다.

활동	유능성	직업	선호분야	일반성향
현실형	현실형	현실형	현실형	현실형
탐구형	탐구형	탐구형	탐구형	탐구형
예술형	예술형	예술형	예술형	예술형
사회형	사회형	사회형	사회형	사회형
진취형	진취형	진취형	진취형	진취형
관습형	관습형	관습형	관습형	관습형

출처 : 워크넷 참조

02 적성

보통 많은 사람들이 '나는 그 일이 적성에 맞아서, 또는 그 일은 내 적성에 맞지 않아서 그만두었다' 등으로 말하는 경우가 있다. 적성은 일을 수행하는 데 있어서 영향을 미치는 것을 알 수 있다. 그렇기 때문에 우리가 직업을 선택하기 전해 자신의 적성을 이해한다면 도움이 될 것이다.

적성이란 '개인이 가지고 있는 잠재되어 있는 능력을 말하고 그 잠재되어 있는 능력이 개발되어서 특정한 영역에서 능력발휘의 가능성'을 말한다. 다시 말하면 자신 안에 숨어 있는 능력이 있는데, 그것이 무엇인지 아는 것이 중요하고 그것을 아는 것에서 끝나는 것이 아니라 그 능력을 개발하고 훈련시켰을 때 일의 분야에서 성공 가능성이나 잠재력을 알 수 있다. 그래서 직업선택에서 적성을 중요하게 생각하는 사람들이 있다.

적성이 중요한 것은 각 직업마다 특성이 있고 그 특성에 맞는 일의 능력이 다르기 때문이다. 예를 들면, 영업직과 도서관 사서는 직업적으로 다른 특성을 가지고 있는데, 그 일의 작업특성에 잘 맞는 사람들이 있다는 것이다. 그것은 그 일을 잘 수행할 수 있으며 결과를 만들어 낼 수 있는 것이다.

기업도 직원을 채용함에 있어서 그 직무에 적합한 사람을 선발하려고 노력한다. 그래서 각 기업마다 자신들의 기업 특성에 맞는 직무적성검사를 실시하고 있고 공기업도 비슷한 검사를 실시하고 있다. 이처럼 직업에서는 그 일의 성과를 위해서 적성을 중요시하고 있다.

적성에 맞는 일을 선택할 때 일의 효율성이 커지고 그 결과가 성공적이라면 일에 대한 자신감과 즐거움이 생기고 그로 인해서 일에 대한 만족도가 증가한다. 그래서 적성을 파악하기 위한 다양하게 표준화된 검사가 있다. 그 검사들의 결과를 100%로 신뢰하는 것보다는 자신을 이해하는 데 도움이 될 수 있는 자원으로 활용하면 될 것이다.

직업적성검사는 워크넷(www.work.go.kr)에서 할 수 있다. 결과를 보고 자신의 진로탐색과 직업선택에 활용할 수 있다. 그 요인을 설명하면 다음과 같다.

1) 성인용 직업적성검사(대상 : 대학생, 일반구직자)

검사의 특징 및 장점은 우리나라에서 필요한 직업적성요인에 근거하여 개발된 검사이다. 피검사자의 희망직업과 비교가 가능하며 최적합 및 적합 직업에 대한 상세한 설명을 제공한다.

검사의 구성은 11개 적성요인 16개 하위검사로 구성되어 있다.

적성요인	특성
언어력	일상생활에서 사용되는 다양한 단어의 의미를 정확히 알고 글로 표현된 문장의 내용을 바르게 파악하는 능력
수리력	사칙연산을 이용하여 수리적 문제를 풀어내고 일상생활에서 접하는 통계적 자료(표와 그래프)들의 의미를 정확하게 해석하는 능력
추리력	주어진 정보를 종합해서 이들 간의 관계를 논리적으로 추론해 내는 능력
공간지각력	물체를 회전시키거나 배열했을 때 변화된 모습을 머릿속에 그릴 수 있으며, 공간 속에서 위치나 방향을 정확히 파악하는 능력
사무지각력	서로 다른 사물들 간의 유사점이나 차이점을 빠르고 정확하게 지각하는 능력
상황판단력	실생활에서 자주 당면하는 문제나 갈등상황에서 문제를 해결하기 위한 여러 가지 가능한 방법들 중 보다 바람직한 대안을 판단하는 능력
기계능력	기계의 작동원리나 사물의 운동원리를 정확히 이해하는 능력
집중력	작업을 방해하는 자극이 존재함에도 불구하고 정신을 한 곳에 집중하여 지속적으로 문제를 해결할 수 있는 능력
색채지각력	서로 다른 두 가지 색을 혼합하였을 때의 색을 유추할 수 있는 능력
사고유창력	주어진 상황에서 짧은 시간 내에 서로 다른 많은 아이디어를 개발해 내는 능력
협응능력	눈과 손이 정확하게 협응하여 세밀한 작업을 빠른 시간 내에 정확하게 해내는 능력

출처 : 워크넷 참조

03 가치관

우리는 단순하게 모든 사람들이 원하는 것이 돈, 명예, 지위, 오래 일하는 것 등이라고 생각한다. 그러나 우리가 삶을 살다보면 내가 정말 무엇을 원하는지 무엇을 중요하게 생각하는지 모를 때가 있다. 사람들은 누구나 자신의 마음속에 자신만의 기준을 가지고 있다. 그것을 통해서 행동하고 판단하고 움직이게 되는 것이다. 그것을 가치라고 한다. 다시 정리하면 가치는 '사람으로 하여금 어떤 방식이나 행동으로 움직이게 하는 원리나 믿음'을 말한다. 가치를 구분하는 두 가지가 있는데, 그것은 외적 가치와 내적 가치이다. 외적 가치란 밖으로 보여지는 성취를 추구하는 가치라고 할수 있는데, 그 예로 보수, 근무환경, 명성, 이미지 등이다. 내적 가치는 일 자체를 통해서 느끼는 자율성, 유능감 등을 충족시키는 것을 말한다.

진로결정에서 자신을 이해하는 데 중요한 것이 자신의 가치관을 명료화하는 것이다. 일에 대한 가치를 우선순위로 정리해두면 진로결정에서 자신의 직업을 선택하는 동기에 영향을 주기 때문이다. 직업가치관이 중요한 것은 내가 직업을 선택하는 데 있어서 왜 이 직업을 선택하는지를 설명할 수 있고 그 선택을 통해서 성취하려고 하는 것이 무엇인지 알 수 있다.

직업가치관이 중요한 것은 개인의 삶의 목표를 결정하거나 자신이 그 일을 하고자 하는 동기를 통해서 무엇을 보여 주고 싶은지를 알려준다. 그리고 직업선택에 있어서 정보를 제공한다. 마지막으로는 직업만족도에도 영향을 준다.

1) 직업가치관검사(워크넷)

특징 및 장점은 직업선택 및 경력설계 등의 직업의사결정에 도움을 준다. 피검사자의 희망직업과 비교가 가능하며 196개 직업에 종사하고 있는 재직자들에 대한 실사조사를 통해서 얻어진 가치기준점수를 활용하여 직업을 추천한다. 적합직업에 대한 상세한 정보를 탐색할 수 있다.

2) 구성 및 내용

하위요인	특성
성취	스스로 달성하기 어려운 목표를 세우고 이를 달성하여 성취감을 맛보는 것을 중시하는 가치
봉사	자신의 이익보다는 사회의 이익을 고려하며, 어려운 사람을 돕고, 남을 위해 봉사하는 것을 중시하는 가치
개별활동	여러 사람과 어울려 일하기보다 자신만의 시간과 공간을 가지고 혼자 일하는 것을 중시하는 가치
직업 안정	해고나 조기퇴직의 걱정 없이 오랫동안 안정적으로 일하며 안정적인 수입을 중시하는 가치
변화 지향	일이 반복적이거나 정형화되어 있지 않으며 다양하고 새로운 것을 경험할 수 있는지를 중시하는 가치
몸과 마음의 여유	건강을 유지할 수 있으며 스트레스를 적게 받고 마음과 몸의 여유를 가질 수 있는 업무나 직업을 중시하는 가치
영향력 발휘	타인에게 영향력을 행사하고 일을 자신의 뜻대로 진행할 수 있는지를 중시하는 가치
지식 추구	일에서 새로운 지식과 지술을 얻을 수 있고 새로운 지식을 발견할 수 있는지를 중시하는 가치
애국	국가의 장래나 발전을 위하여 기여하는 것을 중시하는 가치

자율성	다른 사람들에게 지시나 통제를 받지 않고 자율적으로 업무를 해나가는 것을 중시하는 가치
금전적 보상	생활하는 데 경제적인 어려움이 없고 돈을 많이 벌 수 있는지를 중시하는 가치
인정	자신의 일이 다른 사람들로부터 인정받고 존경받을 수 있는지를 중시하는 가치
실내활동	주로 사무실에서 일할 수 있으며 신체활동을 적게 요구하는 업무나 직업을 중시하는 가치

출처 : 워크넷 참조

Worksheet 2-1

1. 직업흥미 체크리스트

항목을 읽고 선호 정도에 V 표 하세요. 1에서 5로 갈수록 더 좋아하는 것입니다.

	내용	1	2	3	4	5
R	기계를 조립하거나 수리하는 것을 좋아한다.					
	운동을 좋아하고 신체 조절을 잘한다.					
	몸을 움직이면서 일한다.					
	도구나 연장을 잘 다룬다.					
	야외에서 일하는 것도 잘한다.					
	말보다는 행동을 하는 사람이다.					
	합계					

	내용	1	2	3	4	5
I	연구하고 분석하는 것을 좋아한다.					
	논리적으로 문제를 해결한다.					
	조용하고 생각을 많이 한다.					
	수학과 과학 과목을 잘한다.					
	자연현상의 원리를 탐구한다.					
	사회현상이나 사회문제를 조사한다.					
	합계					

	내용	1	2	3	4	5
A	독창적으로 표현하는 것을 좋아한다.					
	노래하고 악기를 다루고 작곡하는 것을 좋아한다.					
	사진을 찍고, 그림을 그리고 장식하는 것을 좋아한다.					
	즐겁고 신나고 춤추고 연기하는 것을 좋아한다.					
	상상력과 아이디어를 표현한다.					
	감성이 풍부하고 기복이 있다.					
	합계					

Worksheet 2-1

	내용	1	2	3	4	5
S	사람들과 대화하는 것을 좋아한다.					
	타인을 돕는 것을 좋아한다.					
	친구들의 문제에 상담을 잘 해준다.					
	자비로운 사람이다.					
	사람들을 가르치는 것을 좋아한다.					
	자원봉사로 일한다.					
	합계					

	내용	1	2	3	4	5
E	결정하고 주도하는 것을 좋아한다.					
	타인에게 영향을 미치는 것을 좋아한다.					
	관리하고 계획하고 결정한다.					
	높은 지위를 얻을 가능성이 있는 직업					
	추진력 있는 지도자로 일한다.					
	경쟁적이고 이겨야 한다.					
	합계					

	내용	1	2	3	4	5
C	책임을 지고 의무를 다한다.					
	규칙적이고 체계적으로 일한다.					
	안정적인 직장을 좋아한다.					
	보수적인 경향이 있다.					
	계획한 대로 실행해야 마음이 편하다.					
	정확하고 꼼꼼하게 일한다.					
	합계					

Worksheet 2-1

2. 나의 결과

유형	R	I	A	S	E	C
점수						

3. 가장 점수가 높은 유형을 순서대로 2개 쓰시오.

1순위	2순위

4. 나의 6각형 모형 그리기

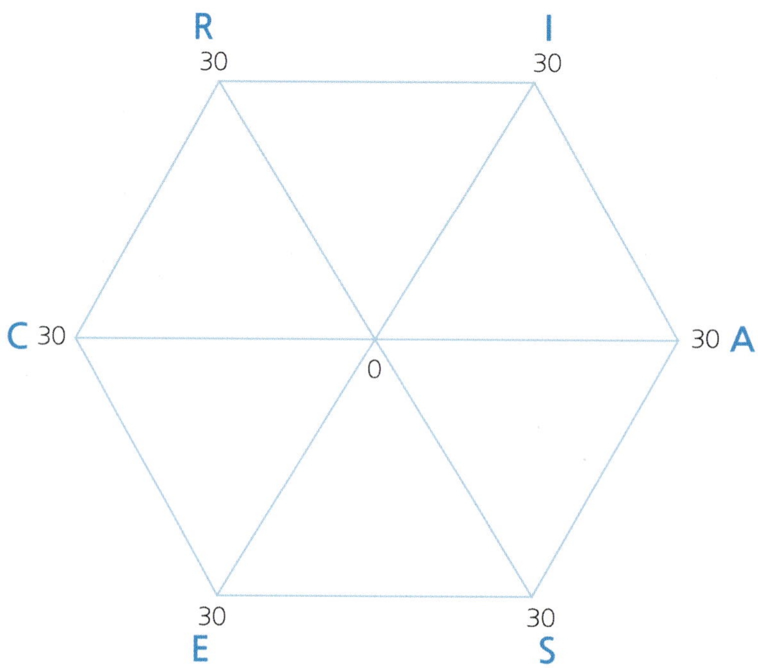

Worksheet 2-2

◈ 워크넷 직업선호도 검사 실시하기

1. 결과

유형	R	I	A	S	E	C
점수						

1순위	2순위

2. 결과에 대한 나의 생각은?

질문	나의 생각
체크리스트와 직업선호도 검사 결과 비슷한 특성	
새롭게 알게 된 것	

3. 결과를 통해서 알게된 직업특성

질문	직업특성
잘 맞는 직업	
하면 안 되는 직업	

Worksheet 2-3

◈ 워크넷 직업적성검사 실시하기

구분	내용
검사 결과 내용 요약	
검사를 통해서 새롭게 알게 된 내용	
검사 결과와 다르다고 생각되는 내용	
적성의 특성으로 본 직업환경	

Worksheet 2-4

◈ 가치관 체크하기

1. 10점 만점으로 생각하고 점수를 체크하세요.
자신의 가치와 멀면 낮은 점수, 자신의 가치와 가까우면 높은 점수(0~10)

하위요인	특성	점수
성취	스스로 달성하기 어려운 목표를 세우고 이를 달성하여 성취감을 맛보는 것을 중시하는 가치	
봉사	자신의 이익보다는 사회의 이익을 고려하며, 어려운 사람을 돕고, 남을 위해 봉사하는 것을 중시하는 가치	
개별활동	여러 사람과 어울려 일하기보다 자신만의 시간과 공간을 가지고 혼자 하는 것을 중시하는 가치	
직업 안정	해고나 조기퇴직의 걱정 없이 오랫동안 안정적으로 일하며 안정적인 수입을 중시하는 가치	
변화 지향	일이 반복적이거나 정형화되어 있지 않으며 다양하고 새로운 것을 경험할 수 있는지를 중시하는 가치	
몸과 마음의 여유	건강을 유지할 수 있으며 스트레스를 적게 받고 마음과 몸의 여유를 가질 수 있는 업무나 직업을 중시하는 가치	
영향력 발휘	타인에게 영향력을 행사하고 일을 자신의 뜻대로 진행할 수 있는지를 중시하는 가치	
지식 추구	일에서 새로운 지식과 기술을 얻을 수 있고 새로운 지식을 발견할 수 있는지를 중시하는 가치	
애국	국가의 장래나 발전을 위하여 기여하는 것을 중시하는 가치	
자율성	다른 사람들에게 지시나 통제를 받지 않고 자율적으로 업무를 해나가는 것을 중시하는 가치	
금전적 보상	생활하는 데 경제적인 어려움이 없고 돈을 많이 벌 수 있는지를 중시하는 가치	
인정	자신의 일이 다른 사람들로부터 인정받고 존경받을 수 있는지를 중시하는 가치	
실내활동	주로 사무실에서 일할 수 있으며 신체활동을 적게 요구하는 업무나 직업을 중시하는 가치	

Worksheet 2-4

2. 나에게 가장 중요한 가치 5개를 선정하세요

3. 선정하게 된 이유는 무엇인가?

4. 선정한 기준을 통해서 보여지는 내가 알고 있는 직업은 무엇이 있나요?

5. 하위 3개는 왜 선정되었는지 그 이유를 쓰세요.

Worksheet 2-4

6. 하위 선정 기준을 통해서 보여지는 내가 알고 있는 직업은 무엇이 있나요?

7. 워크넷 직업가치관 검사와 일치하는 것은 무엇이고 다른 것은 무엇인가요?

Chapter 03

역량의 이해 (직업기초능력의 이해)

학 습 목 표

1. 역량과 핵심역량의 특성을 이해할 수 있다.
2. 직업기초능력을 이해하고 설명할 수 있다.

Chapter

03

역량의 이해(직업기초능력의 이해)

01 역량에 대한 이해

역량은 현대사회의 변화에 발맞추어 그 변화에 적응하는 개인의 능력을 표현하는 개념으로 주목받고 있다. 기존의 지능검사나 적성검사가 실제 삶 속에서 이루어지는 개인의 성취를 타당하게 예언할 수 없음에서 시작하였다. 성공적 성취를 위해서는 수행에서 드러나는 역량을 측정해야 한다는 문제의식 아래 학문분야에서 논의의 대상이 되기 시작하였다. 이 주장은 직업교육이나 훈련분야, 성인교육분야에 적극 수용되었고, 공교육분야에서는 국가의 경제적 요구에 부합하는 교육과정을 만들려는 움직임 속에서 역량에 대한 문제의식이 확산되었다.

연대	연구자	주요내용
1970년대	• White(1969) • McClelland(1973)	• 역량개념의 도입 • 모범적인 수행자의 역량을 실증하는 직무역량을 최초로 정의
1980년대	• McLagan(1980)	• 역량모델의 통합 • 역량모델의 계획, 구성, 통합과 HRM의 전반적 증진 모색
	• Boyatzis(1982)	• 조직 환경의 기반 • 개인의 직무수행과 조직환경 간의 상호작용에서의 역량
	• McLagan(1983, 1989)	• 역량의 목록화 • HRD 적용을 위하여 역량을 목록화
1990년대	• Spencer & Spencer(1993) • Dubois(1993)	• 역량모델의 개발 • 조직의 HRD·HRM 전반에 기반한 역량모델의 구체적인 묘사
	• Prahalad & Hamel(1990) • Lawler(1994) • Ulrich(1997)	• 조직적 역량으로의 확장 • 개인 역량에서 조직 역량으로의 종합적 변화와 확장

출처 : 주인중 외(2010). 기업체에서의 역량모델 개발과 활용실태 분석. 직업교육연구, 29(3), 311.

역량에 대한 관심은 최근 OECD가 핵심역량이나 교육성과지표에 대한 담론을 활성화시키면서 전 세계적으로 확산되었다. 역량에 대한 관심이 전 세계적으로 확산되는 데 반해 역량의 개념은 각 나라마다 각 상황마다 다른 의도나 목적을 가지고 사용된다. 역량이라는 개념은 학자나 연구마다 다르다. 역량의 개념은 본래 직업사회의 필요에 의해 등장하였으며 1970년대 초 사회심리학자인 McClelland에 의해 소개되었다.

역량이란 '개인이 가지고 있는 능력으로써 지식, 기술, 태도로 표출되며 직무를 수행함에 있어 탁월한 성과를 내도록 만들어 주는 것'으로 정의할 수 있다. 다시 말하면 역량이란 '우수 직무수행자가 보통 직무수행자보다 차이가 나도록 드러내 보이는 행동을 설명하는 내적 특성'이라고 보았다. 내적 특성이란 개인의 기술, 태도, 가치, 동기와 같이 외적으로는 관찰되지 않으나 행동의 강도나 지속성 등에 결정적인 영향을 미치는 가설적인 개념의 총체라고 하였다.

그렇기 때문에 기업에서는 역량을 중요하게 생각하고 직원을 선발할 때 각 기업의 특성에 맞는 역량을 가진 인재를 선발하려고 다양한 방법을 사용한다.

02 핵심역량에 대한 이해

핵심역량은 역량의 개념과도 크게 구분되지 않으며 주로 직업상 수행하는 업무에 필요로 하는 경쟁력 있는 개인 또는 조직의 능력으로 볼 수 있다. 개개 학습자가 보유하고 있는 차별화되고 독특한 능력이기보다는 교육을 통해 길러야 할 기본적이고 보편적이며 공통적인 능력이라고 정의한다. 오늘날의 복잡하고 변화하는 삶에 대처하기 위한 광범위한 역량에 초점을 두었으며 특정 직업이나 직무에 초점을 둔 역량과 구별하기 위해 '핵심역량'이란 말을 도입하였다. 직업훈련분야 혹은 기업교육에서 주로 논의되어 오던 역량이 학교교육에 도입되어 역량 관련 담론을 확산하는 데 계기가 된 연구는 OECD의 DeSeCo 프로젝트라 할 수 있다.

핵심역량이란 많은 가능한 역량 가운데 삶에 걸쳐서 반드시 필요한 몇 가지의 역량만을 추출하기 위해 도입된 용어이며 OECD DeSeCo 프로젝트의 목표가 바로 이 핵심역량을 규명하는 것이었다. 우리나라에서도 핵심역량에 관한 연구들이 이루어졌는데, 대표적으로 한국교육개발원에서 실시한 생애능력에 관한 연구이다. 생애능력연구에서 사용된 생애능력의 개념 역시 직업이나 직무 관련 능력을 좁은 의미에서가 아니라 지식, 기술, 태도를 포함하는 생애를 통하여 육성시켜 주어야 할 핵심능력으로 광범위하게 정의한다. 전 생애에 걸쳐 모든 개인에게 요구되는 핵심역량은 일반적이고 보편적이지만 각 단계별로 요구되는 단계별 핵심역량은 상대적이고 상황적 특수성을 갖는다는 것이다. 핵심역량에 대한 정의는 아래 표와 같다.

학자	정의
Hamel& Prahalad(1990)	경쟁기업이 결코 따라올 수 없는 자기 기업 특유의 차별화된 기술이나 노하우의 결정체라고 정의
Dubois(1993)	핵심역량을 직무와 관련하여 일정한 업무를 수행하는 능력으로 정의
정성휘(2004)	특정한 직무를 성공적으로 수행하기 위하여 필요한 능력, 기술, 태도, 경험이라고 한다.
임동욱(2004)	어떤 단일의 구체적 기능이나 기술이기보다는 개개의 기능과 기술의 묶음 혹은 다양한 개인들의 기능을 통합하여 경쟁적 우위 요소로 작용할 수 있게 해주는 능력

이러한 역량과 핵심역량에 대한 연구를 통해서 기업은 탁월한 성과를 만들어 낼 수 있는 인재를 찾고자 하였고 학교교육에서도 영향을 받게 되었다. 이러한 전 세계적인 흐름에 우리나라에서도 국가직무능력표준(NCS)을 도입하게 되었다. 공기업을 중심으로 인재를 선발할 때 이 기준에 입각하여 선발하도록 시행되고 있기 때문에 알아보도록 하겠다. 특히, 그중에서도 직업기초능력에 대해서 설명하도록 하겠다.

03 직업기초능력

1) 직업기초능력 개념

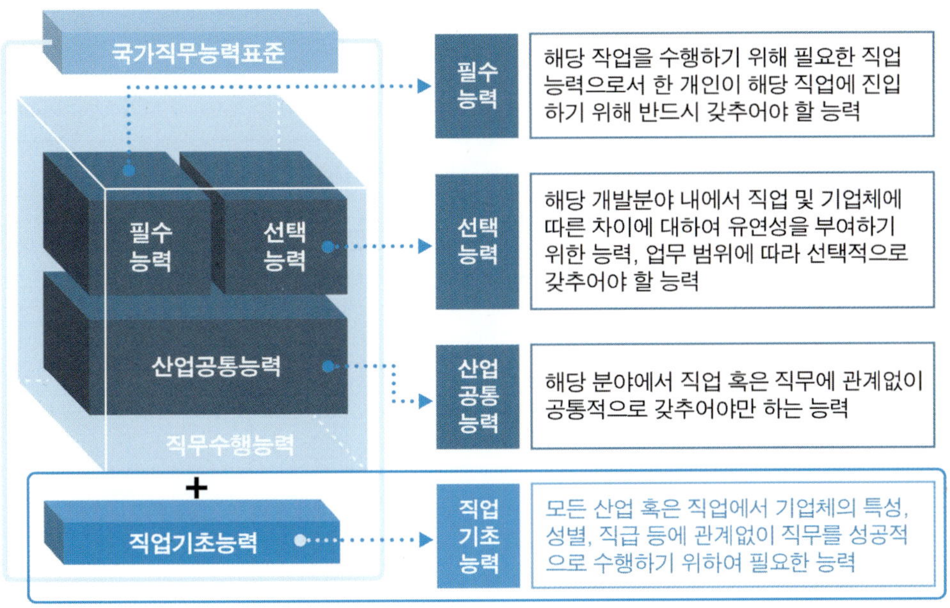

출처 : 국가직무능력표준(NCS) 참조

그림 3-1 국가직무능력표준(NCS)의 구성

2) 직업기초능력의 구성

직업기초능력 영역	하위능력
의소사통능력	문서이해능력, 문서작성능력, 경청능력, 의사표현능력, 기초외국어능력
수리능력	기초연산능력, 기초통계능력, 도표분석능력, 도표작성능력
문제해결능력	사고력, 문제처리능력
자기개발능력	자아인식능력, 자기관리능력, 경력개발능력
자원관리능력	시간자원관리능력, 예산지원관리능력, 물적자원관리능력, 인적자원관리능력
대인관계능력	팀워크능력, 리더십능력, 갈등관리능력, 협상능력, 고객서비스능력
정보능력	컴퓨터활용능력, 정보처리능력
기술능력	기술이해능력, 기술선택능력, 기술적용능력
조직이해능력	국제감각, 조직체계이해능력, 경영이해능력, 업무이해능력
직업윤리	근로윤리, 공동체윤리

출처 : 국가직무능력표준(NCS) 참조

3) 직업기초역량의 구성과 체제

NCS의 직업기초능력은 10개의 영역과 34개 하위요소, 각 하위요소의 세부요소로 구성되어 있다. 선발과정에서 주요한 평가요소로 고려되는 것으로 평가는 주로 10개 영역의 직업기초능력을 구성하는 하위요소나 또는 하위요소를 구성하는 세부요소를 평가하기 위한 선발도구를 사용한다.

구분	10개 영역
직무능력 관련 영역	문제해결능력, 조직이해능력, 자원관리능력, 정보능력, 기술능력, 의사소통능력, 수리능력
인성 관련 영역	자기개발능력, 직업윤리, 대인관계능력

출처 : 국가직무능력표준(NCS) 참조

4) 직업기초역량의 정의와 하위요소 및 프로그램(의사소통능력)

의사소통능력이란 직장생활에서 문서를 읽거나 상대방의 말을 듣고 의미를 파악하며, 자신의 의사를 정확하게 표현하고, 간단한 외국어 자료를 읽거나 외국인의 간단한 의사표시를 이해하는 능력을 의미한다. 기초직업능력으로서 모든 직업인들이 공통적으로 지녀야 할 의사소통능력을 의미하는 것이기 때문에 높은 수준을 요구하는 것은 아니다. 의사소통능력은 직업인이 직장생활을 하는 중에 필요한 의사소통의 원리를 올바르게 이해하고, 자신에게 주어진 문서를 읽거나 상대방과 대화를 통해 자신의 의견을 표현하고, 상대방의 의사를 이해하며 적절하게 반응하고, 외국어로 된 간단한 자료를 이해하거나 외국인의 기본적인 의사표시를 이해해야 경쟁력 있는 직업인이 될 수 있다는 측면에서 매우 중요하다고 할 수 있다.

Worksheet 3-1

1. 기초직업능력으로서의 의사소통능력표준에 따른 성취수준 체크리스트인 아래의 내용을 읽고 자신에게 적절하다고 생각되는 성취수준에 체크하세요.

구분			성취수준	체크
의사소통 능력		상	직장생활에서 제안서, 기술 매뉴얼과 같은 복잡한 내용에의 문서를 읽거나 작성함으로써 정보를 종합하고, 업무 성과를 발표하는 상황에서 논리적으로 의사를 표현한다.	
		중	직장생활에서 메일, 공문과 같은 기본적인 내용의 문서를 읽거나 작성함으로써 정보를 요약하고, 회의와 토론 같은 상황에서 주제에 맞게 의사를 표현한다.	
		하	직장생활에서 지시문, 메모와 같은 간단한 내용의 문서를 읽거나 작성함으로써 정보를 이해하고, 결과를 보고하는 간단한 상황에서 이해하기 쉽게 의사를 표현한다.	
하위 능력	문서 이해 능력	상	직장생활에서 최신 기술 매뉴얼과 같은 복잡한 업무문서를 읽고, 필요한 정보를 종합한다.	
		중	직장생활에서 예산서, 주문서와 같은 기본적인 업무문서를 읽고, 필요한 정보를 요약한다.	
		하	직장생활에서 지시문, 메모와 같은 간단한 업무문서를 읽고, 필요한 정보를 확인한다.	
	문서 작성 능력	상	제안서와 프레젠테이션과 같은 복잡한 문서를 논리적으로 작성한다.	
		중	메일이나 공문과 같은 기본적인 문서를 형식에 맞게 작성한다.	
		하	상사의 지시나 전화 메시지와 같은 간단한 문서를 읽기 쉽게 작성한다.	

Worksheet 3-1

구분			성취수준	체크
	경청 능력	상	부서 전체의 회의에서 발표를 듣는 것과 같은 복잡한 업무상황에서 들은 내용을 종합한다.	
		중	고객의 주문전화를 받는 것과 같은 기본적인 업무상황에서 들은 내용을 요약한다.	
		하	상사의 지시를 듣는 것과 같은 간단한 업무상황에서 들은 내용을 이해한다.	
	의사 표현 능력	상	업무 성과를 발표하는 것과 같은 복잡한 상황에서 논리적으로 의사를 표현한다.	
		중	부서의 회의 중 토론을 하는 것과 같은 기본적인 상황에서 주제에 맞게 의사를 표현한다.	
		하	상사에게 결과를 보고하는 것과 같은 간단한 상황에서 이해하기 쉽게 의사를 표현한다.	
	기초 외국어 능력	상	외국어로 된 메일을 받는 업무상황에서 메일을 직접 읽고 의미를 이해한다.	
		중	외국어로 된 메일을 받는 업무상황에서 사전을 활용해서 해석하여 의미를 이해한다.	
		하	외국어로 된 메일을 받는 업무상황에서 다른 사람의 도움을 얻어 의미를 이해한다.	

출처 : 국가직무능력표준(NCS) 참조

Worksheet 3-1

구분		성취수준
의사소통 능력		
하위 능력	문서 이해 능력	
	문서 작성 능력	
	경청 능력	
	의사 표현 능력	
	기초 외국어 능력	

Worksheet 3-1

2. 의사소통 성취수준을 어떻게 발전시킬 것인지 구체적인 계획과 방법을 적어봅시다.

3. 자신의 현재 수준과 발전시키기 위한 실제적인 방법을 적어 봅시다.

Worksheet 3-1

의사소통능력 하위능력별 교육내용으로서의 지식, 기술, 상황

하위능력	교육 내용	
문서 이해 능력	K(지식)	• 문서이해의 개념 및 중요성 • 문서의 종류 및 양식 이해 • 문서이해의 구체적인 절차와 원리 • 문서를 통한 정보 획득 및 종합방법의 유형
	S(기술)	• 문서의 종류에 따른 문서 읽기 • 문서에서 핵심내용 파악 • 주어진 정보의 관련성과 의도 파악 • 문서 읽기를 통한 정보 수집, 요약, 종합
	C(상황)	• 상사의 지시문이나 메모를 읽는 경우 • 업무 처리를 위한 기술 매뉴얼을 확인하는 경우 • 고객의 예산서와 주문서를 확인하는 경우 • 업무 보고서를 통해서 정보를 획득하는 경우 • 메일이나 공문을 처리해야 하는 경우
문서 작성 능력	K(지식)	• 체계적인 문서작성의 개념 및 중요성 • 목적과 상황에 맞는 문서 작성의 유형 • 문서의 종류와 양식 이해 • 문서 작성의 구체적인 절차와 원리 • 논리적인 문장 전개방법의 유형 • 효과적인 내용 구성방법의 유형
	S(기술)	• 문서의 종류에 따른 적절한 문서 작성 • 문서 작성에 적합한 문체와 어휘 사용 • 논리적인 체계를 사용한 문서 작성 • 문서 작성에서 강조점 표현방법 • 논리적인 문장 전개 • 목적에 적합한 적당한 분량 설정 • 시각적 표현과 연출 • 작성한 문서의 수정

Worksheet 3-1

	C(상황)	• 업무 중 프로젝트나 연구과제의 결과를 문서로 제시하는 경우 • 소비자와 고객의 요구를 문서화하는 경우 • 동료와 정보 및 의견을 공유하는 경우 • 산출물을 디자인하고 제시하는 경우 • 상사의 지시와 전화 메시지를 기록하는 경우 • 상대방에게 메일이나 공문을 발송하는 경우
경청 능력	K(지식)	• 경청능력의 중요성과 개념 • 대화과정에서 효과적인 경청방법의 이해 • 상대방의 말을 듣는 바람직한 자세의 이해 • 지시사항에 대한 적절한 반응방법의 이해 • 지시사항을 재확인하는 방법의 이해
	S(기술)	• 상대방의 말을 주의 깊게 듣고 반응 • 상대방의 의도 파악 • 대화과정에서 숨은 의미를 파악 • 대화과정에서 상대방 격려 • 대화과정에서 상대방과 친밀감과 신뢰감 조성 • 대화과정에서 적절한 시선 처리 • 비언어적인 신호를 파악 • 상대방의 입장 이해 • 상사의 지시사항을 듣고 확인
	C(상황)	• 업무 수행과정에서 상사의 지시를 받는 경우 • 제품판매, 서비스문의 등으로 고객을 대하는 경우 • 조직 구성원과 회의하는 경우 • 업무결과에 대한 상대방의 의견을 듣는 경우 • 업무수행과정에서 상대방과 의견을 조율해야 하는 경우
의사 표현 능력	K(지식)	• 정확한 의사전달의 중요성 • 의사표현의 기본 원리 • 효과적인 의사표현방법의 유형 • 설득력 있는 화법의 특징 및 요소 • 상황과 대상에 따른 화법의 이해 • 비언어적 의사표현방법 이해

Worksheet 3-1

	S(기술)	• 주제, 상황, 목적에 적합한 의사표현 • 자신 있고 단정적인 의사표현 • 간단명료한 의사표현 • 중요한 부분을 반복하여 제시 • 목소리의 크기, 억양, 속도의 변화 • 상황에 대한 적절한 질문 • 대화를 구조화하는 기술 • 적합한 이미지와 어휘, 표현 사용 • 상황에 적합한 비언어적 의사 표현
	C(상황)	• 업무 중 상사의 지시를 확인하는 경우 • 소비자와 고객에게 제품을 소개하고 판매하는 경우 • 동료와 정보 및 의견을 공유하는 경우 • 업무 결과를 발표하는 경우 • 업무수행과정에서 상대방에게 질문하는 경우 • 회의에서 상대방을 설득시키는 경우
기초 외국어 능력	K(지식)	• 기초적인 외국어 회화에 대한 지식 • 비언어적 의사표현방법의 유형 • 외국 문화에 대한 이해
	S(기술)	• 기초적인 외국어로 된 자료 읽기 방법 • 외국인을 대하는 방법 습득 • 기초적인 외국어 회화 기술 • 사전 활용방법 습득
	C(상황)	• 업무 상황에서 외국어로 된 메일을 확인하는 경우 • 외국어로 된 관련 자료를 읽는 경우 • 외국산 제품의 사용방법을 확인해야 하는 경우 • 외국인으로부터 걸려온 전화를 받는 경우 • 외국인 고객을 상대하는 경우

MEMO

Chapter

04

실전 기업정보 탐색하기

학습목표

1. 직업정보를 탐색하는 방법을 이해한다.
2. 기업정보를 탐색하는 방법을 이해한다.

Chapter

04

실전 기업정보 탐색하기

취업을 준비하는 과정에서 처음 단계는 자신에 대한 이해를 통해서 자신을 분석하는 것이고 두 번째 단계는 직업세계의 이해를 통해서 목표 직업을 정하고 그와 연관된 기업정보를 탐색하여 실제적인 취업준비를 하는 것이다. 학생들이 부족한 부분은 직무에 대한 것이고 기업정보를 탐색하는 것이다.

이번 장은 해외여행으로 비유한다면 어디에 어떤 운송방법으로 갈 것이며, 어디서 묵을 것인지, 그곳의 날씨는 어떤지, 그곳의 문화는 어떤지, 환전은 얼마나 해야할지 등 여행을 출발하기 전에 알아야 하고 준비해야 할 정보를 수집하여 여행을 준비하는 것과 비슷하다고 생각하면 된다. 여행을 가는데, 목적지를 제대로 파악하지 못하고 간다면 즐거운 여행을 할 수 없는 것과 같은 이유다.

취업준비를 하면서 학생들이 가장 어려워하는 것이 자신이 어떤 분야에서 어떻게 준비해야 하는지를 정하지 못한 상황에서 취업준비를 하는 경우가 많은데, 그러다보니 남들이 하는 것을 그냥 하는 경우가 생기고 나중에 후회하는 경우가 많다. 그래서 어떤 직무가 있는지 먼저 파악하는 것이 중요하다.

01 직업정보 탐색하기

1) 직무탐색

직업정보 탐색에서 직무는 중요한 역할을 한다. 직무는 '직책이나 직업상 맡은 임무'로 정의할 수 있는데, 직무가 중요한 것은 대학에서 배운 전공과 관련이 있다. 기업이 사원을 채용할 때 중요하게 생각하는 것은 직무에 맞는 사람을 선발하는 것이다. 직무에 맞는 전문지식과 경험으로 나누어 볼 수 있는데, 대학에서의 전공은 직무에 대한 전공지식을 배울 수 있는 기회를 제공하는 것이다.

구분	직무	특성
경영지원	경영기획	경영관리, 기업의 전략 기획, 신규사업 정보수집 분석
	총무	비품 소모품 관리, 건물시설관리, 대외 관련 의전 업무수행
	인사/교육	인력을 선발하고, 교육훈련 실시, 사원을 관리하고 기능평가, 보상, 승진관리
	회계/자금	회사에 필요한 자금 확보, 집행, 각 부서에서 발생하는 비용을 회계규정 및 세법에 맞게 정리, 관리
	법무	기업에서 일어나는 분쟁 발생 시 법적인 사항 검토
	홍보/광고	기업 이미지 전략을 수립, 대외 언론홍보, 사내홍보, 제품광고
연구개발	연구	신기술분야 연구, 기업의 신성장 동력을 찾는 데 주력
	개발	신제품/기술개발, 품질/공정개선
	기술기획	연구개발에 수행되는 제반 기술정보 제공, 연구개발에 필요한 장비, 부품 등의 비용 산정
	관리/특허	• 관리는 연구개발의 비용 집행, 정리 • 특허는 지적재산권, 특허를 확보하고 지원

영업/마케팅	영업	• 국내영업, 해외영업(언어능력 중요), 기술영업(장비/시설) • 고객들이 제품이나 서비스를 구매하도록 하는 업무담당
	마케팅	마케팅 기획, 신제품 개발 기획, 브랜드 기획
	판촉/광고	마케팅의 한 영역으로 부분으로 소비자들의 욕구를 불러일으키는 활동
	기획/관리	매출/손익관리, 채권관리, 프로모션 지원
	고객관리	AS 관리
생산	생산	제품을 제조하는 업무
	생산계획	납기에 맞게 제조계획
	생산관리	제조와 관련된 제반사항 지원(인력, 장비), 원가관리
	생산기술	공정관리, 시설관리
	품질관리	품질개선, 품질보증, 품질검사
	안전/환경	안전시설설치, 유지보수, 관련 기관 수검대기, 수질대기오염 방지, 시설관리
	정보기술	시스템 개발, 설계 및 운영, 유지보수, 프로그램 운영관리

2) 직업정보 탐색

우리나라뿐 아니라 전 세계적으로 하루가 다르게 모든 것들이 변화하고 있다. 모든 것이 변화하는 시대에서 직업의 세계도 예외일 수는 없다. 과거에 있던 직업이 사라지거나 현재에는 존재하지 않지만 앞으로 생겨날 직업들이 많다. 그렇기 때문에 자신의 미래를 위해서 학생들이 직업을 선택할 때 다양한 정보를 바탕으로 탐색해야 한다. 우리나라에도 많은 직업이 존재하지만 우리가 알고 있는 직업은 많지 않다. 그런 의미에서 본다면 우리는 제한된 직업정보를 가지고 직업을 선택하는 것이다.

한국직업능력개발원과 한국고용정보원에서는 직업전망과 유망직업 등을 소개하고 있다. 소개하는 직업은 미래사회의 변화를 반영하고 있으며, 선진국에서 만들어지고 성장하는 직업 등 다각도로 분석하여 소개하기 때문에 주목해볼 필요가 있다.

출처 : 워크넷

워크넷(www.work.go.kr)은 직업정보를 탐색할 뿐만 아니라 채용정보 청년친화 강소기업 등 다양한 정보를 한번에 알아볼 수 있도록 되어 있으며 직업심리검사도 무료로 할 수 있다.

(1) 직업정보 탐색방법

워크넷 홈페이지에서 상단에 채용정보의 마지막 부분에 직업정보 칸을 클릭하면 한국직업정보시스템 화면으로 이동하며 그곳에서 직업 분류, 지식, 업무수행 능력, 통합 찾기로 직업정보를 탐색할 수 있다.

02 기업분석

기업분석이 중요한 이유는 각 기업마다 인재를 선발하는 기준이 다르기 때문이다. 기업의 주력업종에 따라서 필요로 하는 인재가 다르고 또 직무마다도 다른 인재를 선호하기 때문에 지원자의 입장에서는 자신에게 맞는 기업을 찾기 위해서 정보를 탐색하고 분석하는 작업이 필요하다. 또한 다음 장에서 설명할 이력서, 자기소개서 작성에서 중요한 정보를 제공하기 때문에 필요하다. 본격적인 취업 준비의 시작은 대상 기업과 지원직무를 선정하고 그 정보를 탐색하며 분석하는 것부터이다.

1) 기업분석방법

(1) 전자공시시스템(DART) 활용하기(http://dart.fss.or.kr/)

- 사업 포트폴리오 및 성장성, 리스크 등 사업 전반에 대해 이해
- 분기보고서, 사업보고서(사업내용 확인)

(2) 기업 홈페이지 : 알아본 내용과 매칭해 본다

- 기업소개, 비전, 미션, 경영철학, 핵심가치, 연혁, 사업부 소개, 주요사업영역 제품, 서비스, 브랜드, 인재상, 기업문화(워드나 PPT로 정리)

(3) 기사분석을 통한 동향파악

- 성숙기 사업은 무엇인가?
- 새로운 신성장 동력사업은 무엇인가?

(4) 채용절차

- 이력서, 자기소개서
- 인·적성검사(공기업 NCS)
- 면접(영어면접, PT면접, 다대다면접, 일대일면접, 블라인드면접)

Worksheet 4-1

1. 직무분야를 보고 체크해 봅시다.

1) 관심 있는 분야는 막연하게 관심과 하고 싶은 마음만 있는 직무

2) 현재 가능한 분야는 관심과 하고 싶은 것과 상관없이 자신의 전공이나 준비사항으로 가장 가능성이 높은 직무

구분	직무	관심 있는 분야	현재 가능한 분야
경영지원	경영기획		
	총무		
	인사/교육		
	회계/자금		
	법무		
	홍보/광고		
연구개발	연구		
	개발		
	기술기획		
	관리/특허		
영업/마케팅	영업		
	마케팅		
	판촉/광고		
	기획/관리		
	고객관리		
생산	생산		
	생산계획		
	생산관리		
	생산기술		
	품질관리		
	안전/환경		
	정보기술		

Worksheet 4-2

◈ 직업정보 탐색하기

워크넷(www.work.go.kr)을 통해서 관심이 있는 직업정보를 탐색해 봅시다.

구분	직업명 1	직업명 2
조사항목	( )	( )
학력/전공		
자격조건(자격증)		
필요기술 및 지식		
하는 일		
훈련정보		
임금		
직업만족도		
전망		
업무수행능력		
지식		
작업환경		
필요성격		
필요흥미		
필요가치관		
관련 직업		
일자리 현황		
나의 만족도		

Worksheet 4-2

구분	직업명 3	직업명 4
조사항목	( )	( )
학력/전공		
자격조건(자격증)		
필요기술 및 지식		
하는 일		
훈련정보		
임금		
직업만족도		
전망		
업무수행능력		
지식		
작업환경		
필요성격		
필요흥미		
필요가치관		
관련 직업		
일자리 현황		
나의 만족도		

Worksheet 4-3

◈ 기업정보 탐색하기

기업명		
대표자		
설립일		
비전/미션		
경영철학		
핵심가치		
연혁		
주요사업영역		
제품/서비스		
인재상		
근로조건		
성숙기 사업		
신성장 사업		
기업문화		
채용절차		
채용시기, 인원		
응시자격		
제출서류		
우대사항		
인·적성검사 (공기업 NCS)		
면접		
나의 준비사항		

Worksheet 4-3

기업명		
대표자		
설립일		
비전/미션		
경영철학		
핵심가치		
연력		
주요사업영역		
제품/서비스		
인재상		
근로조건		
성숙기 사업		
신성장 사업		
기업문화		
채용절차		
채용시기, 인원		
응시자격		
제출서류		
우대사항		
인·적성검사 (공기업 NCS)		
면접		
나의 준비사항		

Chapter

05

입사지원서 이해 1 (이력서)

학습목표

1. 이력서의 구성항목을 이해하게 한다.
2. 자신만의 이력서를 작성하게 한다.

Chapter 05

입사지원서 이해 1(이력서)

최근 공공기관에서는 '블라인드 채용'을 권장하면서 이력서 작성에도 많은 변화가 일어나고 있다. 그러나 일반기업에서는 기존의 이력서를 요구하고 있기 때문에 지원자 입장에서는 변화에 적응하는 것이 중요하다.

입사지원서는 자신의 역량을 표현하는 서류이다. 기업에서 원하는 입사지원서 작성에는 정답은 없다. 그렇지만 지원자가 채용자의 입장에서 어떤 인재를 선발할지를 생각한다면 성공적인 입사지원서 작성이 될 것이다.

01 이력서의 의미

취업 경쟁이 점점 치열해지면서 다른 지원자와는 차별화된 이력서가 중요해지고 있다. 이력서는 자신의 브랜드를 간단하게 설명할 수 있는 문서이다. 이력서는 지원분야에 대해서 자신의 능력과 경험을 표현함으로써 그 직무에 적합하다는 것을 설명하는 문서이다. 이력서는 입사에서는 기초자료로 쓰이고 채용 후에는 인사기록자료의 기초로 사용된다. 그렇기 때문에 처음에 작성할 때 실수가 없어야 한다.

1) 이력서의 정의

지원자 입장에서	기업의 입장에서
1) 마케팅 도구 나란 사람은 이런 사람 2) 제품 설명서 나를 어떻게 이용할 수 있나 3) 나의 살아온 일대기 무엇을 하며 살아왔나 4) 면접기회 부여 & 면접 기본 토대	1) 지원자의 종합적 요약서 2) 지원자의 선발 비교 도구 3) 제품설명서 누구를 어떻게 이용할 수 있나 4) 지원자를 고르게 하는 광고전단지 5) 면접기회 부여 & 면접 기본 토대

지원자 입장에서는 공기업과 일반기업에서 요구하는 이력서의 스타일이 다르기 때문에 먼저 자신만의 이력서 양식을 준비해서 지원하는 기업에 따라서 변화를 주어서 제출하는 전략이 필요하다. 한 가지 이력서 양식으로 모든 곳에 지원하는 것은 실패 확률이 높다. 그렇기 때문에 합격을 위해서는 자신만의 차별화된 전략이 필요하다.

02 이력서 작성요령

1) 사진

• 지원자의 외모를 보는 것이 아니라 지원자의 첫인상, 즉 이미지를 보기 위함

이다.

- 최근 3개월 이내에 정장 차림에 부드러운 미소를 지은 표정의 깔끔한 모습으로 찍는다.

2) 인적사항

- 인적사항에는 성명, 생년월일, 나이, 주소, 전화번호, 이메일 등이 있다.
- 긴급 연락이 가능한 전화번호를 이력서 상단에 남기도록 한다.
- 성명은 영어는 여권상의 영문을 기입하고 한자는 주민등록초본이나 등본에 나와 있는 한자를 기입한다.

3) 학력사항

- 가장 중요한 것은 지원회사의 틀에 따라서 작성한다.
- 자유형식의 이력서는 일반적으로 최종학력을 먼저 쓰고 고등학교까지 작성한다.
- 대학 이상의 학력에서는 전공과 학점 등을 정확하게 기재한다.

4) 경력사항

- 지원하고자 하는 분야와 관련된 경력을 위주로 작성한다.
- 근무기간, 근무처, 직급, 주요 업무내용, 퇴사이유를 작성한다.
- 신입직일 때는 지원분야와 관련된 아르바이트, 인턴, 자원봉사, 연수의 내용도 기재한다.
- 직무와 연관성은 없으나 오래한 아르바이트도 상황에 따라서 기재할 수 있다.

5) 자격사항

- 지원업무와 관련된 자격증부터 기재한다.
- 자격증명, 취득일, 자격등급, 시행처 등을 정확하게 기재한다.
- 국가공인자격증이 우선이며 직무에 따라서 협회의 자격증도 인정된다.

6) 교육사항 및 보유기술

- 지원업무와 관련된 교육사항을 기재한다.
- 교육과정, 교육내용, 교육기간, 교육기관 등을 정확히 기재한다.
- 자격증은 없지만 컴퓨터 활용능력기술이나 지원업무와 연관된 기술을 보유했다면 정확히 기재한다.

7) 대외활동 및 수상내역

- 지원업무와 관련된 대외활동(동아리)과 수상내역을 기재한다.
- 대외활동에서는 맡은 직책이 있다면 직책을 쓰고 자신의 역할을 기재한다.
- 수상내역에서 팀으로 참여했다면 팀에서 자신의 역할을 기재한다.

8) 기타사항

- 취업지원대상자에 해당하는 지원자는 확인하여서 기재한다.
- 국가유공자, 보훈보상대상자, 장애 대상자는 관련 서류를 확인하여서 기재한다.

03 이력서 종류

1) 온라인 이력서

- 요즘의 추세는 기업들이 온라인상에서 바로 작성하여서 지원하는 경우가 많다.
- 지원자는 미리 이력서 형식을 작성하여 출력하거나 화면상에서 보고 기재해야 한다.

2) 회사형식 이력서

- 회사의 상황에 맞게 한글, 워드, 엑셀 등의 프로그램으로 회사들이 이력서 양식을 만들어 놓은 경우를 말한다.
- 지원자는 회사형식의 이력서를 자신의 스타일로 편집하지 말고 그대로 사용해야 한다.

3) 자유형식 이력서

- 회사에서 일정한 양식이 없이 지원자들에게 알아서 이력서를 제출하게 하는 경우를 말한다.
- 지원자는 미리 자신의 가치를 돋보일 수 있게 이력서를 작성하는 것이 중요하다.
- 회사에서 원하는 프로그램으로 보내야 하는데, 그 이유는 저작권의 영향으로 회사에서 사용하는 프로그램이 제한되어 있기 때문이다(한글, 워드, 엑셀 등).

04 이력서 작성지침

1) 대상기업과 희망직종을 파악하라.
2) 호감이 가는 첫인상이 중요하다.
3) 기재항목은 자신의 브랜드 가치를 증명할 수 있는 좋은 기회다.
   (어학점수, 학점, 자격증, 공모전)
4) 선택과 집중을 하라.
5) 경력에서는 업적이나 달성사항을 기재한다.
6) 이력서의 구성이나 틀은 보기 좋게 편집한다.

05 효과적인 이력서 작성을 위한 전략

1) 자신의 개인정보와 지원직무를 연결시켜 기술하라.
2) 자신의 경력을 구체적으로 기술하라.
3) 자신이 성공적으로 수행했던 업무에 대해 기술하라.
4) 지원한 분야와 관련 있는 자격증을 첨부하라.
5) 직무에 따라서 프로필이나 포트폴리오를 첨부하라.

06 주목받는 이력서를 만들기 위한 기법

1) 포맷은 보기에 편하고 명료하게 한다.
2) 지원 분야에 적합한 이력서를 작성한다.
3) 자신의 능력을 표현하는 적절한 문장을 첫머리에 놓는다.
4) 업무능력과 경력을 자세하게 기술한다.
5) 긍정적으로 기술하되 과장 없이 정확하게 작성한다.
6) 오타가 없는지, 비문이 없는지 점검한다.
7) 사적인 정보 등 불필요한 내용은 과감히 삭제한다.
8) 제출 전 최종 점검한다.

07 신입이력서 작성법

1) 자신의 지원 분야를 확실하게 명기할 것
2) 지원분야와 연관된 활동을 효과적으로 기술할 것
3) 장래의 포부나 비전을 확실히 명기할 것

08 경력이력서 작성법

1) 전현직 업무 간의 연계성을 두고 기술한다.
2) 전 직장에 대해 간단히 언급한다.
3) 업무능력을 극대화하여 상세히 기술한다.
4) 업무적인 능력 이외의 것도 간단히 기술한다.

09 이력서 작성 시 주의할 점

1) 오타나 오기가 없도록 할 것
2) 약어, 속어를 쓰지 말 것
3) 한 페이지가 넘어가면 페이지 번호를 남길 것
4) 최근에 있었던 일부터 기록할 것
5) 디카, 폰카 사진은 'No'
6) 회사명을 틀리는 실수를 하지 말라.
7) 학점은 솔직하고 정확하게 기입하라.
8) 불필요한 자격증이나 특이한 취미는 적지 마라.

Worksheet 5-1

◈ 입사지원서 작성 전략

회사가 뽑고자 하는 직무나 인재상에 맞게 자신의 장점을 만들어야 한다.

예) 세무회계

구분	고용주가 원하는 것	내가 보유한 것
직업에서 요구되는 성격 (장점)	꼼꼼하다. 정직하다. 정확하다. 건강하다. 대인관계가 원만하다.	
직업에서 기피되는 성격 (단점)	덜렁거린다. 깔끔하지 못하다. 건망증이 심하다. 시간관리를 잘 못한다.	
직업에서 우대하는 자격증, 훈련 , 보유기술, 경력등	전산세무회계 1, 2급, 컴퓨터 활용능력 자격증	

◈ 지원 직무 입사지원 작성 전략

1) 희망 직무 :

구분	고용주가 원하는 것	내가 보유한 것
직업에서 요구되는 성격 (장점)		
직업에서 기피되는 성격 (단점)		
직업에서 우대하는 자격증, 훈련, 보유기술, 경력 등		

Worksheet 5-2

◈ 이력서 양식(기본)

이 력 서

긴급연락처 :

지원	지 원 회 사	지 원 업 무 파 트	희 망 연 봉

<table>
<tr><td rowspan="5">사진</td><td>성 명</td><td colspan="3"></td><td>성명(한문)</td><td colspan="2"></td></tr>
<tr><td>생년월일</td><td colspan="3"></td><td>나이</td><td colspan="2">만 세</td></tr>
<tr><td>주 소</td><td colspan="6"></td></tr>
<tr><td rowspan="2">연 락 처</td><td>이동전화</td><td></td><td>E-Mail</td><td></td><td>홈페이지</td><td></td></tr>
<tr><td colspan="2"></td><td colspan="2"></td><td colspan="2"></td></tr>
</table>

학력사항	기 간	학 교 명	단과대학	학 과	학교소재지	평균학점

경력	근 무 기 간	직 장 명	최종직위	담 당 업 무	연 봉	퇴직사유

가족관계	관계	성 명	나이	학 력	직업 및 근무처	동거 여부

Worksheet 5-2

병역 및 보훈사항

군 별	육군/해군/공군/기타	병 역	필/미필/면제/복무중
계 급		복무기간	
보훈대상	보훈대상/보훈비대상		

특기사항(교육사항 및 보유기술, 대외활동 및 수상내역)

	자격면허명	등급	취득연일	발령처
자격 면허				

	활동기간	활동기관명	활동내용	역할
활동 경험				

	수상일	수상명	수상기관	역할
수상 내역				

개인능력

어 학 컴퓨터	TOEIC	
	TOEFL	
	일본어	
	기 타	

상기와 같이 제출하오며 일체 허위 사실이 없음을 확인합니다.

년 월 일 지원자 (인)

Worksheet 5-3

◈ 이력서 양식(공공기관NCS 입사지원서 예시)

NCS 기반 능력 중심 채용 입사지원서 【시설관리직】

1. 인적사항

인적사항은 필수항목으로 반드시 모든 항목을 기입해 주십시오.

<table>
<tr><td>성 명</td><td></td><td>성 명
(한자)</td><td></td></tr>
<tr><td>주 소</td><td colspan="3"></td></tr>
<tr><td>전화번호</td><td></td><td rowspan="2">이메일</td><td rowspan="2"></td></tr>
<tr><td>휴대전화</td><td></td></tr>
</table>

해당되는 항목을 모두 선택해 주시기 바랍니다. (중복 체크 가능)

<table>
<tr><td rowspan="3">우대
사항</td><td>구분</td><td>대 상</td><td>확인</td><td>증빙자료</td></tr>
<tr><td>보훈</td><td>'국가유공자 등 예우 및 지원에 관한 법률'에 따른 지원자</td><td></td><td rowspan="2">서류전형
합격 시
제출</td></tr>
<tr><td>장애</td><td>'장애인 고용촉진 및 직업재활 보호법'에 의한 취업대상자</td><td></td></tr>
</table>

<table>
<tr><td rowspan="2">병역
사항</td><td>군별</td><td>계급</td><td>군복무기간(연, 개월)</td><td>전역사유</td></tr>
<tr><td></td><td></td><td></td><td></td></tr>
</table>

Worksheet 5-3

2. 교육사항

* 학교교육은 제도화된 학교 내에서 이루어지는 고등교육과정을 의미합니다. 해당되는 내용을 기입해 주십시오. (증빙자료 서류전형 합격 시 제출)

학교교육
• [전기기기설치, 정비] 관련 학교교육 과목을 이수한 경험이 있습니까? 예( ) 아니오( )
• [발전, 배전] 관련 학교교육 과목을 이수한 경험이 있습니까? 예( ) 아니오( )
• [전기, 전자, 전기관리] 관련 학교교육 과목을 이수한 경험이 있습니까? 예( ) 아니오( )
• [석면관리자] 관련 학교교육 과목을 이수한 경험이 있습니까? 예( ) 아니오( )

* '예'라고 응답한 항목에 해당하는 내용을 아래에 기입해 주십시오.

과 목 명	주 요 내 용

* 직업교육은 학교 이외의 기관에서 실업교육, 기능교육, 직업훈련 등을 이수한 교육과정을 의미합니다. 해당되는 내용을 기입해주십시오. (증빙자료 서류전형 합격 시 제출)

직업교육
• [전기기기설치, 정비] 관련 직업교육 과목을 이수한 경험이 있습니까? 예( ) 아니오( )
• [발전, 배전] 관련 직업교육 과목을 이수한 경험이 있습니까? 예( ) 아니오( )
• [전기, 전자, 전기관리] 관련 직업교육 과목을 이수한 경험이 있습니까? 예( ) 아니오( )
• [석면관리자] 관련 직업교육 과목을 이수한 경험이 있습니까? 예( ) 아니오( )

* '예'라고 응답한 항목에 해당하는 내용을 아래에 기입해 주십시오.

교 육 과 정 명	주 요 내 용	기 관 명	교 육 기 간

Worksheet 5-3

3. 직무능력 관련 자격사항

자격증명	발급기관	취득일자	발급번호	증빙자료
				서류전형 합격 시 제출
				서류전형 합격 시 제출
				서류전형 합격 시 제출

* 그 외, [직무 혹은 직무 관련 지식]에 관련된 자격증은 아래에 기입해 주십시오.

자격증명	발급기관	취득일자	발급번호	증빙자료
				서류전형 합격 시 제출
				서류전형 합격 시 제출
				서류전형 합격 시 제출

Worksheet 5-3

4. 직무 관련 경험 및 경력사항

* 지원하는 직무와 관련하여 경험 혹은 경력이 있는 경우 아래의 양식에 따라 내용을 기재해 주시기 바랍니다.

• [전기기기설치, 정비] 관련 경험 혹은 경력 사항이 있습니까?	예(　)	아니오(　)
• [발전, 배전] 관련 경험 혹은 경력 사항이 있습니까?	예(　)	아니오(　)
• [전기, 전자, 전기관리] 관련 경험 혹은 경력 사항이 있습니까?	예(　)	아니오(　)
• [석면관리자] 관련 경험 혹은 경력 사항이 있습니까?	예(　)	아니오(　)

* '예'라고 응답한 항목에 해당하는 사항을 아래에 기입해 주십시오.

소속 기관명	활동 / 근무기간	주요 역할 / 직위	주요 활동내용 / 담당업무	증빙자료
				서류전형 합격 시 제출

* 그 외, 경력 사항은 아래에 기입해 주십시오.

소속 기관명	활동 / 근무기간	주요 역할 / 직위	주요 활동내용 / 담당업무	증빙자료
				서류전형 합격 시 제출

* 자세한 경력사항은 경력기술서에 작성해주시기 바랍니다.

Chapter

06

입사지원서 이해 2
(자기소개서)

학 습 목 표

1. 자기소개서의 구성항목을 이해하게 한다.
2. 자신의 자기소개서를 작성할 수 있게 한다.

Chapter

06

입사지원서 이해 2(자기소개서)

기업의 입장에서 이력서는 구직자를 빠른 시간에 파악할 수 있다는 장점이 있으며 자기소개서는 이력서에 있는 내용을 바탕으로 구체적으로 살펴볼 수 있어 구직자를 깊이 있게 파악할 수 있다. 그래서 구직자의 입장에서 이력서는 자신을 표현하는 데 제한적인 부분이 있고 자기소개서를 통해서 기업에 자신의 강점을 부각시켜 다른 지원자와는 차별화된 전략으로 작성하여야 한다. 그러나 대부분의 학생들이 자기소개서를 작성하는 데 어려움을 나타내고 있다. 이번 장에서는 자기소개서의 구성항목을 이해하고 자기소개서를 작성해 봄으로써 자신을 표현하는 것이 중요하겠다.

01 자기소개서의 의미

최근에 블라인드 채용이 강화되면서 기업이 지원자의 학교, 자격증, 학교성적, 어학성적 등보다는 직무와 관련된 경험이나 역량을 파악하기 위해서 자기소개서의 문항도 다양화하면서 점점 자기소개서의 비중이 커지고 있다. 그리고 자기소개서의 내용을 바탕으로 면접에서도 다양한 질문을 할 수 있다.

자기소개서는 지원자의 성장과정, 성격의 장·단점, 학교생활과 경험, 경력, 다양한 활동, 지원동기, 입사 후에 포부 등을 서술하게 함으로써 지원자 자신을 세분화해서 파악할 수 있다. 또한 지원자를 전체적으로 볼 수 있는 좋은 기회이다. 또한 지원자의 문장을 보면 논리력과 문장력도 파악할 수 있다. 그렇기 때문에 지원자는 자신의 강점을 나열식으로 표현하면 안 되고 자신이라는 사람을 설명하기 위해서 다양한 경험을 논리적으로 연결해서 작성해야 한다.

02 자기소개서 구성항목 작성요령

1) 성장과정

성장과정은 부모님의 교육관, 자신의 인생관, 자신이 어떤 것에 관심을 가지게 되었는지, 어떤 가치관을 가지게 되었는지에 대한 자신의 경험을 작성하는 것이다. 중요한 것은 자신의 일대기를 나열하는 것이 아니라 남들과 달랐던 자신만의 경험을 핵심적으로 작성하는 것이다.

2) 성격 장·단점

성격의 장·단점에서 학생들이 가장 많이 하는 실수는 그냥 자신을 나열하는 것이다. 제 성격의 장점은 "성실하고, 차분하고, 모든 일에 최선을 다합니다."라고 쓰는데, 그러면 기업 입장에서 지원자를 파악하기 어렵다. 지원하는 직무와 연관

되는 성격이 있음을 설명해야 한다. 자신의 다양한 경험(아르바이트, 인턴, 실습 등)을 통해서 상황을 설명하면서 자신의 장점을 부각시켜야 한다.

단점을 설명할 때도 마찬가지로 나열하는 것은 좋은 방법이 아니다. 저의 단점은 "우유부단하고, 집중하면 다른 것은 못보고…" 이렇게 단점을 나열한다면 기업 입장에서 지원자를 선택할 수 없다. 가장 좋은 것은 과거에는 단점이었는데, 현재는 고친 단점을 찾아서 어떤 노력으로 어떻게 고쳤는지를 설명하는 것이 좋다. 또는 그 직무에서 치명적이지 않은 단점을 설명하는 것이 좋다.

3) 학창시절/경력사항

학창시절은 지원자의 교우관계나 성향을 파악할 수 있다. 또한 전공을 선택한 배경, 관심분야에서의 자기계발과 노력 등을 파악할 수 있는 기회이다. 성장과정과 학창시절에서 중복적으로 같은 에피소드를 사용하면 안 된다. 그렇기 때문에 지원자는 성장과정을 어느 시기까지 할지 학창시절은 어느 부분을 중점적으로 부각시켜서 설명할지를 미리 정해야 한다.

경력사항은 지원자의 경험을 통해서 어떤 것들을 할 수 있는지 그 능력을 파악할 수 있는 기회이다. 또한 경력을 통해서 지원하는 직무에 어느 정도 적응할 수 있고 능력을 가지고 있는지 확인할 수 있는 좋은 기회이기 때문에 지원자는 지원하는 직무와 관련된 경험을 구체적으로 설명하고 그것을 통해서 자신의 향상된 능력을 설명하는 것이 좋다.

4) 지원동기

기업은 지원자를 판단할 때 지원동기를 가장 중요하게 생각한다. 그러나 지원자 입장에서 지원동기를 작성하는 것이 가장 어려운 일이다. 지원동기를 작성하기 위해서는 먼저 지원회사의 홈페이지를 통해서 직무 관련 설명을 잘 읽고 관련지어서 작성해야 한다.

지원하는 회사나 직무에 관심을 가지게 된 계기, 지원회사의 비전과 자신의 비전이 어떻게 연결되는지, 자신의 역량과 직무 관련 능력, 경력 등이 이 회사에서 어떻게 쓰일 수 있기 때문에 지원한다 라고 작성해야 한다.

5) 입사 후 포부

많은 학생들이 실수하는 것이 다음과 같은 포부 작성이다. '몇 년 후에 이 분야에 최고가 되고, MBA를 가고, CEO가 되고 등으로 작성하는데, 그것보다는 아주 작지만 입사 후에 정말 실제적으로 실천할 수 있는 일들, 자신의 특기나 성격의 장점을 이용하여 자신만이 할 수 있는 일들에 대해서 구체적으로 작성하는 것이 좋다.

03 자기소개서의 효과적인 표현법

1) 구체적인 상황을 묘사한다(언제, 어디서, 무엇을, 어떻게).
2) 이로 인한 유익한 결과를 보여 준다.
3) 이것이 새 직장에서 어떤 이익을 가져다 줄 것인지 설명한다.

04 자기소개서 작성 시 유의사항

1) 나만의 소제목으로 만들어라.
2) 시간적인 여유를 두고 여러 번 고친 내용을 쓴다.
3) 기본적인 내용은 필수적으로 포함하고 일관성 있게 써라.
4) 객관적인 서술과 두괄식으로 표현해라.
5) 간결하고 핵심적으로 표현하되 상황은 구체적으로 써라.
6) 글의 구조는 'A-B-A'의 구조로 작성하라.
7) 눈에 띄는 첫 문장으로 문장을 시작하자.
8) 남의 것을 베끼지 말자.

05 자기소개서를 보는 인사담당자 포인트

1) 지원자는 어떤 사람인가(성격, 인생관, 가치관)?
2) 전공은 무엇이며 실력은 어떠하며 조직에 융화될 수 있나?
3) 업무에 쉽게 적응할 수 있을까, 또한 이해력은 빠른가?
4) 우리 회사의 지원분야에 적합한 실력을 가졌는가?
5) 우리 회사의 이미지에 부합하는 인재상을 가지고 있는가?

06 자기소개서 작성 5계명

1) 회사의 인재상과 비전을 파악하여 자신의 경험을 연결하여 작성한다.
2) 해당직무에 맞는 자신의 능력을 최대한 극대화해서 표현한다.
3) 식상한 표현이나 일상적인 어투로 작성하지 말자.
4) 부정적인 표현보다는 긍정적인 표현으로 자신을 설명한다.
5) 불필요한 내용은 삭제한다(내가 중요하다고 남도 중요하게 생각하지 않는다).

07 입사지원서(이력서, 자기소개서) 제출 전 확인내용

1) 지원서에 기본적인 작성내용을 구체적이면서도 명료하게 작성했나?
2) 지원서에 거짓으로 작성한 것은 없나?
3) 지원서에 기본사항들을 충실히 작성했나? 빠진 것은 없나?
4) 기업의 명칭은 바르게 작성했나?
5) 자기소개서에 중복된 경험이나 사례가 있나?
6) 두괄식으로 문장을 작성했나?
7) 지원동기를 구체적으로 작성했나?
8) 오타나 날짜 등 잘못 기재한 것이 있나?
9) 사진은 최근의 것인가?
10) 희망 업무와 연관된 활동을 효과적으로 기술하였는가?

Worksheet 6-1

◈ 자기소개서 작성 전 자신에 대한 탐색

나의 장점	
나의 단점	
취미/특기	
가장 열중했던 일	
경력사항	
인턴/연수/ 아르바이트 경험	
사회봉사	
여행 경험	

Worksheet 6-1

자신 있는 분야 /공부 관심분야	
자격증 취즉	
학원수강 경험	
수상경력	
좋아하는 말/ 좌우명/삶의 목표	
존경하는 인물/이유	
장래목표 (3년, 5년, 10년 후)	
나의 가장 큰 경쟁력	

Worksheet 6-2

◈ 자기소개서 기본양식 작성

자 기 소 개 서

성장과정	

성격의 장·단점	

Worksheet 6-2

학창시절 및 경력	
지원동기	

Worksheet 6-2

입사 후 포부	

상기 내용은 사실과 다름없음을 확인합니다.

년 월 일

작 성 자 : (인)

Worksheet 6-3

◈ 자기소개서(최근 인턴 자기소개서 예제)

1. 삶을 통해 이루고 싶은 인생의 비전 또는 목표 3가지를 우선순위 순으로 적어 주십시오.

2. 자신이 다른 사람과 구별되는 능력이나 기질을 써주십시오.

Worksheet 6-3

3. 자신의 인생에 가장 영향을 끼친 사건 3가지를 든다면 무엇입니까?

4. 살아오면서 자신이 성취한 것 중 자랑할 만한 것을 1, 2가지 소개해 주십시오. (100자 미만)

Worksheet 6-3

5. 후배에게 추천하고 싶은 책 3권을 중요한 순서대로 적어 주십시오. (100자 미만)

6. 즐겨 찾는 인터넷 사이트와 그 이유를 설명해 주십시오. (100자 미만)

Worksheet 6-3

7. 자신에게 있어서 직장생활의 의미를 써주십시오. (200자 미만)

8. 지원동기를 구체적으로 적어 주십시오. (500자 미만)

Worksheet 6-4

◈ 자기소개서(최근 ○○기업 자기소개서 예제)

1. 귀하가 ○○○○그룹(1지망회사)을 지원하게 된 동기에 대해 서술해 주십시오. [100자 이상 500자 이내]

2. 입사 후 10년 내 회사에서 이루고 싶은 목표는 무엇이며, 그것을 추구하는 이유와 이를 달성하기 위한 계획을 서술해 주십시오. [100자 이상 500자 이내]

Worksheet 6-4

3. 귀하가 지원한 직무는 무엇이며, 해당 직무에 관심을 갖게 된 계기와 이를 잘 수행할 수 있다고 생각하는 이유를 본인의 역량, 준비과정 및 관련 경험을 근거로 서술해 주십시오. [100자 이상 500자 이내]

4. 도전적인 목표를 정하고 열정적으로 일을 추진했던 경험과 관련 추진과정에서 겪은 어려움, 이를 극복한 방법, 그리고 그 일의 결과를 중심으로 서술해 주십시오. [100자 이상 500자 이내]

Worksheet 6-4

5. 자신의 윤리 · 도덕적 신념을 지키기 위해 손해나 희생을 감수하고 일을 수행한 경험이 있다면 서술해 주십시오. [100자 이상 500자 이내]

MEMO

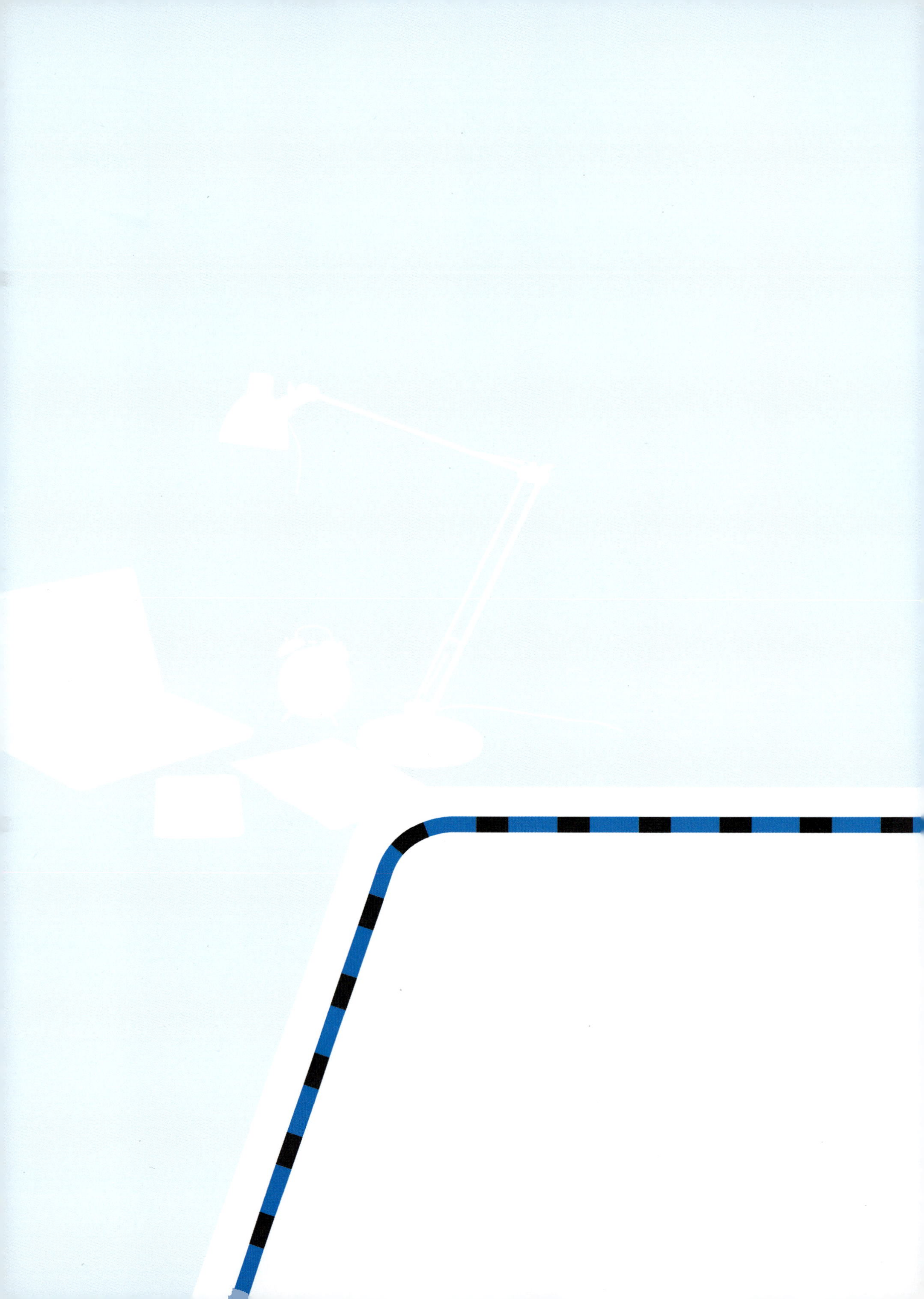

Chapter 07

취업면접의 이해

학습목표

1. 면접의 유형을 이해하고 면접 준비를 할 수 있다.
2. 희망기업을 선정하여 면접 대처방법을 학습한다.

Chapter

07

취업면접의 이해

기업의 입장에서 이력서, 자기소개서를 통해서 지원자를 선별하는 데는 한계가 있다. 그래서 직접 얼굴을 보고 지원자의 능력을 파악하려고 하는 것이 면접이다. 또한 기업의 입장에서 지원자를 한번만 보고 파악하기 어렵기 때문에 여러 단계의 면접을 통해서 지원자를 심도 있고 다양하게 파악하여 자신의 기업에 맞는 인재를 선발하려고 한다. 그래서 보편적으로 서류전형에서 3~5배수 정도로 선발하고 면접에서도 실무진 면접과 임원면접으로 크게 나누어 볼 수 있다. 그러나 각 기업마다 영어면접, 집단토론 면접, PT면접, 합숙면접 등 다양한 방법을 도입하여 인재를 채용하고 있다. 따라서 이번 장에서는 면접을 이해하고 준비할 수 있도록 하겠다.

01 면접의 의미

최근의 기업에서는 필요한 자리에 필요한 인재를 선발하려고 노력하고 있다. 서류를 통해서는 알 수 없는 지원자의 능력과 인성 등을 면접을 통해서 파악하여 필요한 인재를 선발하는 것이다. 면접이 점점 중요해지고 있는 것은 기업의 채용 트렌드가 바뀌어가고 있기 때문이다. 예전에는 우수한 지원자를 뽑기 위해서 출신대학이나 전공, 학점 등에 중점을 두었는데, 채용 후에 실제적으로 직무를 수행함에 있어서 어려움이 나타나는 상황이 발생하면서 면접을 통해서 직무를 잘 수행할 수 있는 인재를 선별하기 위해서 기업의 입장에서 면접의 비중을 높여나가고 있다. 지원자의 입장에서는 충분히 기업의 입장을 이해하고 그 직무에 맞는 역량이 있음을 면접을 통해서 어필하는 것이 성공적이니 취업으로 나아가는 길이다.

면접은 평가의 최종관문으로 기업에서는 자신의 인재상에 부합하는지, 조직원으로 어떻게 책임감을 가지고 직무를 수행할 것인지, 어떤 동기를 가지고 열정적으로 일할 것인지 등을 파악하려고 한다. 그렇기 때문에 지원자는 자신이 기업의 인재상에 어떤 부분이 부합하는지, 자신의 어떤 능력과 경험이 직무를 수행하는 데 발휘될 수 있는지, 자신이 어떤 동기를 가지고 지원하게 되었는지 등을 면접에서 자신 있게 보여 주어야 한다.

02 면접 준비

1) 면접회사 파악하기

면접을 보는 회사에 대한 정보를 파악하여야 한다. 기본정보에는 대표자의 성명, 회사의 정식이름, 기업의 사업내용, 현재의 주력 제품이나 서비스, 최근 기업의 동향, 채용부서 및 직무에 대한 지식, 경쟁하는 업체나 제품의 현황 등을 먼저 파악하여야 한다.

2) 면접회사에서 요구하는 사항 파악하기

면접을 보는 회사에서 요구하는 직무 기술이나 지식수준, 태도와 관련된 정보, 직업기초능력 등을 파악한다.

3) 지원자 자신 탐구

지원하는 직무에서 요구되는 능력을 먼저 파악하고 직무에서 요구하는 관련 경험(인턴, 아르바이트, 어학연수, 동아리, 대외활동, 공모전 등)을 정리하여 자신의 장점과 단점을 미리 파악한다.

4) 사전연습

면접에서 할 수 있는 예상 질문을 미리 생각하여서 답을 자신의 경험을 토대로 정리하여 달고 매일 읽어보며 대답하는 연습이 필요하다.

03 면접의 종류

1) 개별(단독) 면접

개별 면접은 지원자 1명이 면접장에 들어가서 면접을 보는 것을 말한다. 면접관은 한 명일 수도 있고 여러 명일 수도 있다. 지원자 한 명에게 오랜 시간 면접시간이 허용되기 때문에 면접관들은 지원자를 꼼꼼하고 면밀하게 살필 수 있다. 그렇기 때문에 지원자 입장에서는 사전에 철저한 준비가 요구되며 지원자의 입장에서는 다른 지원자가 없기 때문에 비교 대상이 없고 자신의 장점을 어필할 수 있다. 개별 면접은 지원자와 면접관이 서로에게 집중되기 때문에 몰입도가 높다는 것을 명심해야 한다.

대기업에서는 개별 면접이 때로는 최종면접에서 임원진들이나 사장 면접일 때가 있다. 그때는 면접관의 질문을 잘 듣고 요점을 정확히 말하며 예의 있게 행동하는 것이 중요하다. 중소기업이나 외국계 기업에서는 개별 면접이 때로는 실무진 면접일 때가 있다. 수시, 상시로 채용이 이루어지는 곳에서는 면접자가 면접을 보러오면 일정한 시간을 정하지 않고 바로 면접을 보는 경우가 있다. 그렇기 때문에 지원자는 직무 관련 지식이나 정보, 태도 등 기본적인 내용을 잘 정리해서 답변해야 한다. 예의 있는 태도는 기본이다.

2) 집단면접

집단면접은 여러 명의 지원자와 여러 명의 면접자가 동시에 면접을 보는 것을 말한다. 대부분의 기업들이 실무진 면접에서 가장 많이 사용하고 있다. 면접시간은 대략 20~30분 정도 지원자의 입장에서는 장점으로 자신에게만 집중되지 않아

압박감이 덜하고 답변할 때 시간적인 여유가 있다. 단점은 지원자가 여러 명이어서 대답할 수 있는 시간이 많지 않고 자신의 장점을 잘 보여 주기 어려울 수 있다. 면접관 입장에서는 여러 명을 한 번에 비교 관찰할 수 있기 때문에 객관적인 평가를 할 수 있다.

지원자들은 면접에 앞서 1분 자기소개를 준비해야 한다.

3) 집단토론면접

집단토론면접은 여러 명의 지원자들에게 일정한 시간 동안 토론을 하게 하여 그들의 역량을 평가하는 면접이다. 면접관들은 토론에 참여하지 않으며 지원자들이 스스로 토론하게 하는 방법이다. 면접관들이 주목하는 것은 지원자의 커뮤니케이션 능력을 파악하려고 한다. 기업의 업무는 커뮤니케이션을 기반으로 이루어진다. 다양한 의견을 나누고 정리하고 하나의 목표를 도출한다든지 하여 업무를 수행하는 데 집단토론면접은 그런 부분에 주목하게 한다. 그렇기 때문에 지원자는 극단적인 결론을 주장하는 것을 피하고 그렇다고 소극적으로 토론에 임하는 것도 좋지 못하다. 타인의 의견을 잘 받아들이면서 자신의 의견을 논리력을 바탕으로 설명하는 것이 중요하다. 평상시에 정치, 경제, 사회면의 뉴스를 자주 보면 도움이 된다.

4) 프레젠테이션 면접

프레젠테이션 면접은 주어진 주제를 정해진 시간에 맞추어 발표하는 것을 말한다. 기업의 입장에서는 지원자가 자신의 생각과 의견을 논리적으로 타당한 근거를 바탕으로 설득력 있게 설명하느냐에 주목한다. 대기업이나 공기업에서 자주 보는 면접으로 지원자들은 최근 이슈나 해당 직무에 대한 지식이나 정보, 회사의 관심분야, 이슈 등을 미리 파악하고 자신의 생각을 접목하여 논리적으로 타당한 근거를 가지고 설명하는 연습이 필요하다.

5) 역량평가면접

역량평가면접은 직무수행능력을 평가하기 위한 면접이다. 면접의 유형을 보면 현장 사례를 제시하고 문제를 어떻게 해결할 것인가를 묻기도 하고 의사결정을 해야 하는 사건이나 비즈니스 사례를 통해서 문제해결을 어떻게 하는지 보기도 한다. 면접의 핵심은 높은 성과를 창출할 수 있는 역량이 있는가를 보는 것이다. 그렇기 때문에 지원자들도 기업이 요구하는 역량을 발전시켜 면접에서 보여 주어야 한다.

6) 다차원면접

다차원면접은 기업에서 필요에 따라 다양한 면접방법을 실시하고 있다. 산행을 한다든지, 같이 운동을 한다든지, 음식을 만든다든지, 놀이공원에 간다든지 해서 다양한 상황에서 지원자의 행동과 말을 면접관이 관찰하는 방식으로 이루어진다. 지원자들은 그 상황에서 시간이 흐름에 따라 자연스럽게 자신의 본모습을 보여 주기 때문에 기업의 입장에서는 지원자를 관찰할 수 있는 좋은 기회로 사용한다.

Worksheet 7-1

◈ 면접 준비(면접회사 파악하기)

취업을 희망하는 회사를 정합니다.

구분	희망회사 1	희망회사 2
희망회사 이름		
대표자 성명		
희망기업 주력사업		
기업의 동향		
채용부서		
채용직무		
필요한 능력		
필요한 자격증		
인재상		
최근 채용일		
최근 면접방법 (개별, 집단, 토론, 영어, PT, 블라인드)		
최근 면접 질문		

Worksheet 7-2

	나의 강점(Strength)	나의 약점(Weakness)
개인 역량		
	취업 환경 기회 요소(Opportunity)	**취업 환경 위협 요소(Threat)**
취업 환경		

Worksheet 7-3

1. 내 이야기를 써봅시다. (경험했던 것, 사건들을 키워드로 작성)

구분	내용 작성(경험, 사건)
대학생활	
아르바이트	
성격 장점	
성격 단점 (극복한 것)	
어학연수	
성공했던 경험	
실패했던 경험	
리더의 경험	
학과 관련 경험	
동아리 관련 경험	
공모전 관련 경험	
인턴(실습) 경험	

Worksheet 7-3

2. 내 이야기를 써봅시다. (경험했던 것, 사건들을 구체적으로 작성)

구분	키워드 (제목)	내용(육하원칙) 누가, 언제, 어디서, 무엇을, 왜, 어떻게	성장한 능력 & 나의 느낌	관련 역량
대학생활				
아르바이트				
성격 장점				
성격 단점 (극복한 것)				
어학연수				
성공했던 경험				

Worksheet 7-3

구분	키워드 (제목)	내용(육하원칙) 누가, 언제, 어디서, 무엇을, 왜, 어떻게	성장한 능력 & 나의 느낌	관련 역량
실패했던 경험				
리더의 경험				
학과 관련 경험				
동아리 관련 경험				
공모전 관련 경험				
인턴(실습) 경험				

Chapter

08

필승 취업면접 전략

학습목표

1. 실제면접에서 필요한 자기소개를 작성한다.
2. 취업을 위한 면접 준비방법을 학습한다.

Chapter

08

필승 취업면접 전략

성공적인 면접을 위해서는 면접 전에 기업에 대해서 이해하고 자신에 대한 내용을 잘 정리해서 효과적으로 연결하여 설명하는 것이 중요하다. 앞장에서는 기업에 대한 정보를 대략적으로 적어보았고 자신에 대한 다양한 경험들을 정리하였다. 아직은 효과적으로 연결하지 못했다.

짧은 면접에서 기업은 지원자의 역량과 성품을 정확히 평가하는 것은 어려운 문제이다. 대부분의 기업은 많은 시간을 쓰려고 하지만 현실적으로 불가능한 일이다. 그렇지만 기업 나름대로의 방법으로 노력하고 있다. 지원자의 입장에서 취업에 성공하기 위해서는 자신의 면접 전략을 디자인하는 것이 중요하다.

01 1분 자기소개 작성

1) 1분 자기소개 준비

모든 면접에서 면접관은 지원자를 처음 보게 된다. 이력서, 자기소개서의 내용으로 지원자를 다 파악할 수 없다. 그렇기 때문에 면접에서 거의 처음에 면접관들은 지원자에게 자신을 소개하게 한다. 면접에서 중요한 부분이다. 그렇기 때문에 지원자는 1분 정도 자신을 소개할 수 있는 내용을 준비해야 한다. 그 내용은 자기소개서의 내용을 그대로 반복해서는 안 되고 자신의 역사를 나열식으로 설명해서도 안 된다. 자신의 모습 중에서 하나의 포인트를 만들어서 자신을 소개해야 한다.

2) 1분 자기소개 작성요령

먼저 인터넷에서 합격자들의 1분 자기소개 글을 읽으며 어떤 방식으로 썼는지 참고하는 것이 중요하지만 인터넷의 다른 사람들이 작성한 자기소개를 그대로 인용해서는 안 된다. 그리고 다양한 카피내용이나 자신의 이름을 활용하는 것이 좋다. 다음으로 중요한 내용을 먼저 말하는 것이 중요하며 질문을 끌어낼 수 있는 내용으로 구성하면 면접관의 호기심을 유발할 수 있다. 지원자는 지원하는 회사나, 직종에 따라서 다르게 작성해야 하며 분량은 A4용지 반장 또는 10~15줄 정도로 작성하면 좋다.

3) 1분 자기소개서 주의사항

자기소개서의 내용을 똑같이 요약해서 말하거나 성장과정을 언급하는 것은 좋지 못하다. 또한 자기소개와는 다른 내용을 언급해서도 안 된다. 인터넷에서 본 것을 사용하지 말고 자신의 이야기를 직접 작성해야 한다. 또한 지원자들이 차별화하기 위해서 너무 튀게 작성하는데, 기업은 보수적이라는 것을 잊지 말아야 한다.

4) 1분 자기소개서 샘플

사람이 만든 책보다, 책이 만든 사람이 많습니다.

안녕하십니까? ○○대학교 문헌정보학과에 재학 중인 ○○○입니다.

대학시절의 저는 다양한 기회와 경험을 통해 발전적인 모습을 갖기 위해 적극적으로 노력했으며 전공 과목에 충실히 임하여 사서로서의 자질과 능력을 갖추는 데도 최선을 다했습니다.

사서를 목표로 학업에 최선을 다하면서 여러 차례 성적장학금을 받기도 했으며, 방학 중에는 전공과 관련해서 다양한 실무 경험을 쌓으며 사서로서의 기본기를 키웠습니다. ○○연구원에서 편목 작업과 목차 입력 아르바이트를 하면서 사서로서의 꼼꼼함과 정확한 정리능력을 갖출 수 있었으며, ○○연구원에서는 XML 변환작업 및 목차, 초록입력, 장서점검을 통해 관련 프로그램을 원활하게 다루는 능력을 쌓기도 했습니다. 그 외에도 학교 도서관 살리기 세미나, 지역정보화 세미나 등에 적극적으로 참여했으며 국회도서관에서 사서실습을 하면서 지역주민에게 다양한 서비스 능력을 발휘해야 하는 사서로서의 자질을 갖추기도 했습니다.

또한 전산능력을 갖추어야 하는 것도 사서의 역할이기에 정보관리사 2급, 정보처리기사, 정사서 2급, 사서교사 자격증을 취득하였습니다. 또한 저는 글로벌 시대에 맞는 인재가 되고자 20○○년 ○월부터 약 10개월간 어학연수를 다녀왔는데, 준비에서 연수생활에 이르기까지 모든 것을 혼자 해내면서 어학실력 외에도 적극성과 자신감을 갖출 수 있었습니다.

제가 귀 센터의 사서가 된다면 먼저 대학시절 쌓은 체계적인 지식과 다양한 사서 경험을 통해 갖춘 실무능력을 바탕으로 사서로서의 사명과 역할을 다해 신뢰받는 인재로 성장해보고 싶습니다. 또한 아직은 부족함 많은 사회 초년병이기에 배움의 자세로 항상 노력하고 연구하는 사서가 될 것이며 끊임없는 자기계발을 통해 전문성을 갖춘 사서로 거듭나도록 최선을 다하겠습니다(출처 : LG 디스플레이, 커리어).

02 필승면접 준비방법

1) 희망회사나 직무면접질문

지원자가 희망하는 회사나 직무 관련 면접 질문을 30~50개 정도 찾는다.

2) 면접질문에 답 달기

관련 면접질문에 앞장에서 준비했던 자신의 에피소드나 경험을 답변한다. 답변할 때는 방법이 있다.

질문의 결론을 먼저 쓴다. 그리고 그 이유나 경험을 구체적인 상황을 묘사하고 그로 인한 유익한 결과를 설명하며 그래서 이 기업에 어떤 이익을 줄수 있는지 자신의 역량을 설명하는 절차로 답을 작성한다.

3) 작성한 면접질문과 답을 매일 읽기

매일 하루에 3번 정도 면접질문과 답을 큰소리로 읽는 것을 연습한다면 몇 개월 후에는 자연스럽게 대답할 수 있다.

4) 면접 모습 동영상 찍기

어떤 대학은 면접장면을 동영상으로 찍어서 잘못된 부분을 알려주는 방법을 사용하는 곳이 있는데, 이 방법은 아주 효과적이다. 아무리 열심히 읽는 연습을 해도 자신이 어떤 표정으로 어떤 자세로 면접에 임하는지 지원자들은 모른다. 대답을 아무리 잘해도 자세나 표정이 좋지 못하면 좋은 결과를 얻을 수 없다. 그렇기 때문에 자신의 면접 연습하는 모습을 핸드폰으로 찍어서 본다면 도움이 될 것이다.

03 면접 직전의 점검사항

1) 평상시의 준비사항

(1) 대화 연습하기

친구들과 대화할 때 자신이 표현하고자 하는 이야기를 자신 있게 말하는 연습을 해보면 좋다. 그리고 외래어나 유행어의 사용 시 주의하여 사용한다. 또한 높임말이나 낮추어서 해야 하는 말들에 대해서는 구분하여서 사용하여야 한다.

(2) 직무지식 학습

직무지식 평정은 면접시험에서 반드시 요구하고 있는 사항이다. 면접시험에서는 일반질문과 직무 관련 질문이 실제 면접에서 행해지고 있다. 직무 관련 내용의 요점정리 등을 읽어두면 무난할 것이다.

(3) 시사 · 상식의 정리

매일 인터넷신문에서 경제, 사회, 시사 기사를 읽어두는 것이 좋다. 또는 TV · 라디오의 뉴스를 관심있게 접해 두고 자신의 생각을 정리해 두면 도움이 된다.

2) 면접 전날의 체크 포인트

면접의상과 가방, 구두, 헤어스타일, 위생상태를 확인한다. 면접시험 장소가 처음 가는 곳일 경우, 소요시간과 찾아갈 위치를 확인한다. 제출서류 사본, 신분증, 지갑, 응시원서 등을 확인한다.

3) 면접 당일

면접 20~30분 전에 도착한다. 도착해서는 밝은 표정으로 직원들에게 인사한다. 휴대폰은 전원을 끄고 지갑과 함께 가방에 넣어둔다. 면접장 입실 전 전체사항을 한 번 더 확인한다.

Worksheet 8-1

◈ 면접에서 사용할 1분 자기소개서 작성하기

Worksheet 8-2

◈ 면접 예상질문 작성

1. 희망하는 회사나 직무 관련 예상 질문 찾기

질문	내용 작성
예) 4차 산업에 있어 본인이 얼마나 준비되었다고 생각합니까?	

2. 둘씩 짝을 지어서 서로 질문하고 답하기

Worksheet 8-3

◈ 면접관 이해하기

내가 면접관이라면 지원자에게 꼭 질문하고 것은?

내용	내용 작성
전공 관련	
경력 관련	
직무 관련	
일반사항 관련	
기타	

Chapter

09 취업 이미지 만들기

학습목표

1. 면접에서 이미지 메이킹의 중요성을 이해한다.
2. 성공적인 취업을 위한 면접 이미지를 만든다.

Chapter

09

취업 이미지 만들기

기업의 면접상황에서 자신의 역량을 100%로 보여 주는 것은 어려운 일이다. 짧은 면접의 시간 안에 자신을 표현하고 설명하는 것보다 먼저 보게 되는 것이 지원자의 모습이다. 잘생기고 이쁜 것을 말하는 것이 아니라 회사에서 원하는 이미지를 소유하고 있는지, 또는 그 직무를 잘 수행할 수 있는 모습인지를 말하는 것이다. 그렇기 때문에 이 장에서는 학생들이 지원자의 입장에서 면접이미지의 중요성을 알게 하고 자신에게 적합한 이미지를 찾을 수 있도록 하겠다.

01 이미지의 의미

면접에서 면접질문에 대한 논리적인 답변도 중요하지만 그 전에 먼저 보는 것은 지원자에 대한 전체적인 이미지이다. 회사의 인재상이나 문화에 맞는 인재인지를 파악하기 위해서 지원자의 겉모습과 내면을 관찰하려고 노력한다. 그렇기 때문에 취업에 성공하기 위해서 면접 때 자신의 이미지를 만드는 것은 중요하다.

이미지란 '어떤 사람이나 사물로부터 받는 느낌', 또는 '타인이 보고 느낀 나의 모습이며, 내가 타인에게 공개하도록 선택한 나의 부분들의 총체'를 말한다. 그렇기 때문에 나는 나의 이미지를 보여 주고 타인은 그것을 통해서 받는 느낌을 말한다.

이미지는 내적 요소와 외적 요소로 생각할 수 있다. 내적 요소는 감정, 성품(인성), 생각, 습관, 욕구 등으로 설명할 수 있고 외적 이미지는 표정, 태도, 용모, 말씨, 자세 등으로 설명할 수 있다.

면접에서 이미지를 볼 때 가장 중요하게 보는 것이 표정이다. 사람은 표정으로 자신의 감정을 표현하고 설명한다. 그렇기 때문에 표정을 통해서 면접관들은 지원자를 평가하는 데 영향을 준다.

02 이미지 메이킹

자신이 가지고 있는 이미지 중에서 외부로 보여 주고 싶은 이상적 이미지나 장점 등을 부각하고 자신의 단점은 최소화하거나 보완하여 타인에게 자신이라는 브랜드를 차별화시키기 위해서 만드는 것을 이미지 메이킹이라고 한다. 면접에서도 중요한 것은 지원자들이 자신의 평상시의 모습으로 면접에 임한다면 면접관들은 지원자를 선택할 수 없을 것이다. 지원자 입장에서 면접장면에서 합격하기 위해서 자신의 단점보다는 장점을 극대화하여서 자신이라는 브랜드를 보여 주는 것이 중요하다. 그렇기 때문에 학생들은 면접 준비에서 답변을 잘 하는 것도 중요하지만 자신의 이미지를 만드는 것도 중요하다.

03 이미지 메이킹의 구성요소

1) 표정

표정은 지원자의 내적 이미지가 자신도 모르는 사이에 외적으로 보여지는 경우가 많다. 특히, 면접상황은 극도로 예민하고 스트레스를 받고 있기 때문에 지원자는 자신도 모르게 압박감으로 인해서 어색한 표정으로 면접에 임하는 경우가 많다. 면접에서의 표정은 미소를 띠고 말하는 것이 좋다. 30분 정도의 면접시간 동안 계속해서 미소를 띠고 면접을 보는 것은 지원자들에게는 쉽지 않은 일이다. 평상시에 연습이 필요하다. 인터넷에 미소를 연습하는 동영상이 있는데, 지원자들은 매일 30분 정도씩 그 동영상을 보고 연습한다면 자신의 표정이 바뀌는 것을 느낄 수 있을 것이다.

표정에서 또 중요한 것은 부드러운 미소를 띠면서도 눈빛은 살아 있게 면접관을 봐야 한다. 눈빛이 초롱초롱한 지원자는 면접관에게 좋은 인상을 줄 수 있다.

2) 자세

자세는 지원자의 내적 이미지의 영향을 받고 생활습관과 태도에 따라서 달리진다. 면접장에서는 보통 앉아 있는 자세로 장시간 면접을 보는 경우가 많다. 면접관은 지원자의 자세를 통해서 받는 느낌이 있을 수 있다. 앉아 있는 자세가 바르지 않거나, 고개가 삐딱하거나, 꾸부정하거나 하는 자세는 평상시의 지원자의 모습을 보여 주는 것이다. 그렇기 때문에 지원자들은 면접상황에서의 바른 자세를 평상시에 연습하는 것이 중요하다.

(1) 걸음걸이

걸음걸이는 자신의 평소걸음보다 조금 더 넓게 허리를 펴고 힘을 너무 주지 않고 걷는 것이 중요하다. 힘이 들어가면 로봇처럼 걸어가서 뻣뻣한 느낌을 줄 수 있다. 평상시에 지원자들은 면접의상과 구두를 착용하고 걷는 연습을 하면 도움이 될 것이다.

(2) 앉은 자세

지원자는 면접을 볼 때 의자 끝까지 엉덩이를 붙여 앉으면 안 된다. 중간 깊이에 엉덩이가 닿게 하고 허리를 펴고 등과 의자 사이에 주먹 하나 정도 들어갈 수 있게 앉는다. 남성 지원자는 다리를 11자로 어깨넓이만큼 벌려 앉고 손은 주먹을 쥐어서 무릎 위에 편하게 올려놓는다. 여성지원자는 앉은 상태에서 양쪽 다리를 모아서 직각으로 세우거나 사선으로 세우고 두 손은 가지런히 무릎 위에 올려놓는다.

(3) 제스처

면접상황은 누구나 긴장하게 된다. 면접에서는 말뿐만 아니라 적당한 제스처를 사용하면 더 효과적이다. 그러나 너무 긴장해서 자신도 모르게 손이나 몸, 다리 등을 흔드는 것은 제스처가 아니라 긴장한 자신의 무의식적 행동이다. 제스처는 지원자의 목적이 있는 행동이다. 그러나 너무 큰 제스처나 빠른 제스처는 산만하게 만들 수 있기 때문에 자신의 몸을 벗어나는 제스처는 삼가야 한다. 제스처도 면접에서는 전략적으로 사용해야 한다.

(4) 시선

면접에서 시선처리는 주요하게 작용한다. 지원자가 면접관과 적절한 눈맞춤은 호감이 상승할 수 있다. 지원자가 면접관을 볼 때 자연스럽게 바라보는 것이 중요하다. 그리고 자신에게 질문한 면접관을 응시하는 것이 중요하다. 그러다 다른 면접관도 자신을 응시한다면 골고루 시선을 교환하는 것이 좋다. 가장 중요한 것은 자신을 바라보면 면접관을 응시하는 것이 중요하다.

3) 화술

화술은 '말을 잘하는 기술'을 말한다. 면접상황에서 말을 잘하는 것은 먼저 면접관의 질문에 경청을 잘하고, 자신의 경험이나 의견을 효과적으로 설명하는 것이 중요하다. 설명할 때 지원자의 말투나 목소리 등은 중요한 전달 수단이 되는 것이다.

(1) 목소리

지원자와 면접관은 면접을 통해서 의사소통을 하는 것이다. 그때 의사소통을 가능하게 하는 것은 목소리이다. 그렇기 때문에 목소리의 톤이나 말의 속도는 중요하다. 지원자가 목소리의 톤이 너무 높거나 낮으면 면접관이 계속해서 듣기가 거북하게 된다. 아무리 논리적인 답변을 한다 해도 좋은 점수를 받기가 어렵다. 또한 목소리의 속도도 중요하다. 너무 빠르거나 느리게 말하는 것도 면접관의 입장에서는 의사소통에 어려움을 느낀다. 완급조절이 지원자의 입장에서는 중요하다.

(2) 답변이 논리

면접에서 목소리만 좋다고 합격하는 것은 아니다. 그 안에 어떤 내용을 넣느냐도 중요한 것이다. 지원자는 답변할 때 면접관에게 논리적으로 자신을 설명해야 한다. 그냥 열심히 하겠다는 것이 아니라 어떻게 내 경험을 살려 열심히 할 수 있는지를 알려주어야 한다. 그래서 지원자는 답변할 때 결론을 먼저 말하고 그 경험이나 이유를 한 두 가지 정도 말하고 다시 결론을 말하는 것이 중요하다.

4) 복장

한 조사에서는 인사담당자의 81.9%가 면접 '복장불량'을 면접 탈락요인으로 선정했다. 지원자들이 명품 옷이나 새 옷, 유행 스타일을 입어야 한다는 것이 아니다. 자신에게 어울리는 복장을 하는 것이 중요하다. 지원자들이 알아야 할 것은 면접관들은 지원자들과 같은 또래가 아니라 10년 이상의 연령대를 가지고 있는 직장인들이다. 그들의 눈높이에 자신들의 회사가 필요로 하는 신입사원을 뽑는다는 것을 알아야 한다. 지원자들은 면접복장에서 신중해야 한다. 가장 무난한 복장은 기본형 정장 스타일이다. 남녀 불문하고 면접 정장은 네이비 컬러에 흰색 셔츠나 블라우스가 많이 사용된다.

자유복장의 면접일 때는 직무에 따라서 변화가 필요하다. 그것은 지원자의 센스를 보기 위함도 있다. 그렇기 때문에 지원자들은 다양한 정보를 수집하여서 복장을 선정해야 한다. 자신이 좋아하는 스타일이 아닌 자신에게 어울리는 스타일에 주목해야 한다.

(1) 남성복장–일반적인 패션 법칙

본인의 패션스타일이 있겠지만 어두운색 정장에 흰 양말을 신거나, 어두운색 정장에 갈색구두는 추천하지 않는다. 양말색은 바지색과 비슷한 것이 좋으며 넥타이는 벨트에 살짝 걸치는 정도, 와이셔츠와 소매 깃은 살짝 보이는 것이 기본이다.

(2) 여성복장–지나친 것은 안하니만 못하다

과도한 메이크업, 헤어스타일, 액세서리는 하지 않는 것이 좋다. 구두는 발가락이 보인다든지 무늬가 많이 들어간 것은 좋지 못하다. 또한 독한 향수냄새도 지원자에게 도움이 못 된다. 무릎 길이 스커드 정장 또는 바지정장의 투피스가 무난하고 구두는 5~7cm 정도의 굽이 있는 무난한 디자인이 좋다.

04 실전면접 준비

1) 면접의 시작

지원자들의 면접의 시작은 면접을 보는 회사의 지하철역부터 또는 그 회사 100m 주위에서부터 시작된다고 생각해야 한다. 무의식적으로 행동한 나의 모습이 면접에 영향을 줄 수 있다.

2) 면접 대기 장소

지원자들은 면접에서의 면접관뿐만 아니라 회사에서 마주치는 모든 사람들이 면접관이라는 생각을 가지고 예의 바르게 행동하는 것이 중요하다. 또한 면접대기 장소에서도 긴장은 풀면서도 차분한 마음과 자세로 면접 준비를 하면서 자신의 차례를 기다리는 것이 좋다.

3) 면접절차

먼저 부드러운 미소를 띠고 문을 열고 걸어 들어가서 의자 앞에 서서 면접관을 바라보며 인사한다. '안녕하십니까. OO번 OOO입니다'라고 말한 후 고개를 숙여 인사한다. 면접관이 앉으라고 하면 뒤 의자의 위치를 살펴본 후 자연스럽게 앉는다.

면접을 보는 동안은 자세와 미소를 잊지 말고 차분하게 질문에 대답한다.

면접이 끝나면 마무리 인사를 하고 뒤돌아서 걸어 나간다. 들어갈 때와 마찬가지로 나올 때도 면접관이 자신을 보고 있을 수 있기 때문에 불필요한 자세와 표정은 하지 않는다.

Worksheet 9-1

◈ 자화상 그리기

핸드폰에서 자신의 사진을 보고 자신의 얼굴을 그려봅시다. (시간은 5분)

Worksheet 9-1

◈ 자화상을 보고 장점(칭찬) 릴레이

(자신의 왼쪽 사람에게 전달하여 자신의 자화상이 올 때까지 쓰기)

Worksheet 9-1

◈ 장점(칭찬)을 읽고 나의 느낌과 이미지는

질문	내용
장점(칭찬)을 읽고 나의 느낌	
나는 나를 어떤 이미지라고 생각했나?	
남들이 생각하는 나의 이미지는 어떤가?	
나의 이미지에 어울리는 직업(직무)은?	예) 서비스직

Worksheet 9-2

◈ 자신의 면접 이미지 만들기

구분		답변
현재 자기 이미지	표정	
	자세-걸음걸이	
	앉은 자세	
	제스처	
	시선	
	화술-목소리	
	답변의 논리	
이상적 자기 이미지 (희망 직무 이미지)	표정	
	자세-걸음걸이	
	앉은 자세	
	제스처	
	시선	
	화술-목소리	
	답변의 논리	

Worksheet 9-3

◈ 나만의 면접 복장 구상하기

인터넷의 정보를 활용하여 자신의 복장을 정하고 구매해야 하는지, 집에 있는지 등 필요한 사항을 작성해보기

내용		작성하기(어떤 스타일, 구입, 색)
남성	여성	
헤어	헤어	
메이크업	메이크업	
와이셔츠	블라우스	
넥타이	액세서리	
재킷	재킷	
시계	스타킹	
가방	가방	
구두	구두	

MEMO

Chapter

10 창업의 특성과 창업환경

학습목표

1. 창업의 특성과 창업성공요건을 이해할 수 있다.
2. 창업환경과 최근 창업트렌드를 알아본다.

Chapter

10

창업의 특성과 창업환경

01 창업의 특성

1) 창업이란 무엇인가?

창업이란 '새로운 사업을 개시(start-up)하는 것'을 말한다. 좀 더 구체적으로 표현하면 창업이란 창업자가 사업 아이템을 정하고, 이에 필요한 자금, 인원, 설비 등을 확보하여 제품 또는 서비스를 생산하는 사업체를 설립하는 것이다.

창업은 새로운 사업에 대한 도전이라고 할 수 있다. 창업이 일반 경영과 다른 점은 경영이란 이미 만들어진 사업체를 성공적으로 유지, 성장, 발전시켜 나가는 활동이라면 창업은 새로운 사업에 대한 준비과정을 거쳐 사업체를 설립하는 데 그 초점이 맞추어져 있다.

2) 창업이 왜 필요한가?

사람들이 창업을 하는 이유는 여러 가지 목적이 있다. 최근 우리나라의 사회

경제적 환경이 급격하게 변화함에 따라 고용상황이 과거와는 다른 양상으로 나타나고 있는데, 일자리 부족 등으로 자연스럽게 창업의 필요성이 대두되고 있는 상황이다. 사람들이 창업을 하고자 하는 이유 무엇인가?

첫째, "일자리 부족에 따른 고용불안정"을 가장 큰 원인으로 꼽을 수 있다. 일자리 자체가 부족한 면도 있으나 고용의 질, 즉 비정규직 비중이 점차 확대됨에 따라 평생 직장으로의 확보가 보장되지 않는다는 것이다. 최근 우리나라만 해도 전체 근로자 중 비정규직이 차지하는 비중이 50%에 육박하고 있으며, 이들은 항시 고용불안에 시달리고 있는 실정이다.

둘째, "평생직장으로의 보장이 불투명"하다는 점이다. 우리나라의 경우 직장인의 평균 근속연수가 약 7년 정도인데, 설령 직장에 취직을 한다 하더라도 한창 일해야 하는 젊은 나이에 직장을 그만 두어야 하는 경우가 많다. 따라서 평생직장으로서의 보장이 불투명하여 현실적으로 창업을 해야 하는 상황으로 갈 수밖에 없다는 것인데, 선진국처럼 직장을 그만둘 경우 곧바로 다른 직장을 구할 수 있는 여건과 다르기 때문에 제2의 인생을 준비하여야 하는 대안으로 창업을 한다는 것이다.

셋째, "직장에서 자기성장의 한계"이다. 대부분의 경우 직장에 취직을 해서 승진 등을 목표로 열심히 일하며 최선을 다하지만 위로 올라갈수록 자리는 한정되어 있고, 일에 대한 성취감 내지 직장생활을 통한 자기실현의 기회가 크지 않은 경우 자의반 타의반으로 창업을 선택할 수밖에 없는 현실에 부딪히게 되는 것이다.

넷째, "경제적 수단으로서의 소득창출 목적"이다. 대부분의 경우 창업의 목적은 경제적인 여유를 갖기 위한 수단으로서 선택한다고 볼 수 있다. 과거와는 달리

평균수명이 늘어나 직장생활을 통해 경제적으로 안정적인 노후생활을 준비한 사람이 많지 않다는 점과 창업을 통해 평소에 본인이 하고 싶은 일로 자아실현의 기회를 갖는 동시에 제2의 인생을 뒷받침하는 경제적 수단으로 창업을 선택한다고 볼 수 있다.

3) 창업의 특성

(1) 창조적이고 모험적인 특성

창업은 내가 가지고 있는 사업아이템, 자금, 경영능력, 기술 등 모든 자원을 동원하여 자기주도로 새로운 사업영역을 개척하는 것이기 때문에 창조적이고 모험적인 특성을 가지고 있다. 지금까지 경험해보지 못한 새로운 일에 대한 시도는 강한 모험심과 기대감 그리고 성공에 대한 강한 성취욕구를 갖게 한다.

(2) 새로운 도전과 기회의 제공

창업은 새로운 도전과 기회가 매력이라 할 수 있다. 새로운 사업의 도전은 비록 여러 가지 불확실성은 존재하나 좋은 사업아이템을 통해 성공할 경우 자아성취, 인정과 명예, 일 그 자체에 대한 보람, 더 나아가 많은 수입으로 윤택한 삶을 추구할 수 있는 기회를 제공해 주기 때문에 많은 사람들이 창업에 뛰어들고 있다. 최근 창업의 특징은 창업연령이 낮아진다는 점과 소자본 1인 창업 및 여성 창업이 증가하는 등 과거와는 다른 형태로 변화하고 있다.

(3) 높은 위험(high risk)의 수반

창업은 새로운 사업을 위한 자금과 인적 및 물적 자원의 투입을 해야 하기 때문에 많은 위험이 따른다. 빈틈없이 완벽한 창업 준비를 했다 하더라도 예상하지 못했던 많은 일들이 발생하기 마련이다. 창업을 시도하는 사람이라면 누구나

100% 성공을 확신하고 자신 있게 시작하지만 사업을 하면서 여러 가지 상황과 변화에 적절하게 대응하지 못하는 경우 당초에 계획했던 목표를 달성하기란 쉽지 않은 것이다

(4) 불확실성(uncertainty)하의 의사결정

창업에 있어서 가장 어려운 점은 끊임없이 변화하는 경영환경 속에서 미래를 정확히 예측하고 신속히 판단하여 적절한 의사결정을 하여야 하는데, 그것이 쉽지 않은 이유는 바로 불확실성 때문이다. 사실 어떤 업종의 창업이든 가장 어려운 점은 창업자가 성공을 위해 최선을 다해 노력한다 하더라도 그 사업의 결과는 쉽게 장담할 수 없는 불확실성에 놓인다는 점이다.

4) 창업의 4요소

(1) 창업아이템

창업을 하는 데 가장 중요한 것은 어떤 아이템을 가지고 창업을 할 것인가 하는 점이다. 즉, 어떤 제품(또는 서비스)을 만들어 제공할 것인가 하는 점인데, 성공할 수 있는 좋은 아이템이란 무엇인가? 자칫 사업아이템이라 함은 상당한 기술과 노하우가 요구되는 것이라 생각하기 쉬우나 실제로 그보다 중요한 것은 시장트렌드와 사람들에게 필요한 아이템이어야 한다는 점이다. 아이디어와 기술만 믿고 쉽게 창업했다가 실패하는 경우가 상당히 많다. 시장에서 고객의 반응이 좋아야 성공할 수 있는 아이템이라 할 수 있으며, 따라서 초보 사업가는 시장에서 이미 검증된 아이템을, 기존 사업가는 신규아이템을 택하는 것이 좋다.

(2) 창업자금

자금은 창업에 필요한 인력, 사업장 확보, 설비, 재료 및 제반 경비 및 운영에

필요한 자원을 확보하기 위해 사용된다. 자금은 창업자가 전액 부담하는 경우와 타인자금을 빌려서 하는 경우 그리고 투자자금을 유치하여 충당할 수도 있는데, 타인자금의 경우 은행 등 금융기관과 정부, 지방자치단체 등에서 제공하는 정책자금 등을 통해 조달할 수 있다. 창업자금은 개업 준비자금, 고정자본, 운전자금 등으로 구분하여 예산을 집행해야 운영에 무리가 없으며 총 자금의 20% 정도는 예비비로 보유하고 있어야 한다. 특히, 남의 돈을 빌려 사업을 하는 경우는 총 비용 중 부채가 30%를 초과하지 않는 것이 좋다. 최소한 점포비용은 자기자본으로 충당하여 이자부담을 줄여야 사업이 궤도에 오를 때까지 안정적으로 운영할 수 있다.

(3) 창업자

창업자는 사업의 주체자로서 사업아이템 확보, 사업계획서를 만들고 사업타당성 분석 등을 통해 사업을 성공시키고자 하는 자이다. 사업의 성공 여부는 창업자의 의지, 수행능력, 기업가 정신이 어떠하느냐에 따라 결정된다. 창업자는 사업수행 시 발생하는 위험요소를 극복하고 환경 변화에 대응할 수 있는 남다른 통찰력과 기업가 정신이 필요하다. 창업자는 자신의 성향과 능력에 맞는 아이템을 선정하는 것이 중요한데, 예를 들어 의류점이나 보석가게 등은 이미지가 큰 비중을 차지하며, 컴퓨터 기술을 요하는 업종은 창업주가 컴퓨터를 다룰 수 있어야 인건비 등 비용을 절약할 수 있다.

(4) 사업장

창업의 주체로서 창업자와 창업아이템으로 만들어지는 상품 또는 서비스를 상권이 좋은 지역을 통해 판매가 이루어지는 점포를 의미한다. 사업장은 업종별로 적정 장소와 환경여건에 따라 달라질 것이다. 외견상 창업 요건으로서 가장 큰 비중을 차지하는 사업장은 창업의 규모에 따라 결정되는데, 인터넷 판매업 같은 경우는 사이버상에서 판매가 이루어지므로 사업장이 필요하지 않은 경우도 있으나 일반적인 경우에는 상권과 입지가 매출액에 큰 영향을 미치므로 사업장은 창업에 있어서 중요한 요건이다.

5) 창업의 성공요건

성공적인 창업을 위해서는 창업자가 갖추어야 할 요건이 있는데, 창업자는 명확한 목표를 설정하고 끊임없이 사업아이디어를 개발하여 사업 기회로 연결시키는 동시에 시장에서 경쟁력을 확보할 수 있도록 노력해야 한다. 또한 창업과정에서 예상하지 못한 일들이 많이 발생하므로 시행착오를 최소화할 수 있도록 철저한 사전 준비가 필요하다.

(1) 명확한 목표

창업자는 창업을 통해 이루고자 하는 꿈은 무엇인가? 사업이 성공하면 나에게 어떤 가치가 있는가를 생각하여야 한다. 그래야 창업자가 지향하는 방향과 목표가 설정될 수 있고 설정된 목표에 도달하기 위해 자신의 모든 역량을 집중하여 강력하게 추진할 수 있기 때문이다.

(2) 철저한 준비

창업은 아이템 선정, 사업형태 구상, 자금확보와 사용계획, 사업타당성 분석, 시장조사 등 사전에 준비해야 할 일들이 많다. 창업 준비를 철저하게 하였다고 반드시 성공이 보장되는 것은 아니지만, 시행착오를 최소화하기 위해서는 치밀하게 준비하여야 한다. 이는 창업준비가 어느 정도 되었는가에 따라 성공 정도가 달라지기 때문이다. 아무리 유망업종이라도 무작정 따라하거나 창업준비가 부족하면 실패할 확률이 높다.

(3) 적합한 업종 선택

창업자는 자신의 적성과 성향에 맞는 업종을 선정하여야 한다. 자기가 좋아하는 업종을 선택해야 열정을 다해 일할 수 있고, 일하는 과정에서도 흥미와 보람을 느낄 수 있기 때문에 결과에 대한 만족도도 높고 성공할 가능성도 크다. 아무리 유망한 업종이라도 본인에게 맞지 않는다면 성공하기 쉽지 않다. 소위 블루오션(blue ocean)의 아이템이 있다 하더라도 본인의 적성과 성향에 부합하지 않는다면 더 신중하게 생각해 보고 결정하여야 한다.

(4) 과감한 결단력

성공적인 창업자들은 일단 자기에게 사업기회가 주어졌을 때 과감하고 신속한 의사결정을 내릴 수 있는 결단력이 강한 것이 특징이다. 창업자는 사업 목표가 정해지고 의사결정을 하고 나면 신속하게 행동으로 옮기는 결단력이 있어야 하며, 정해진 목표에 신속하게 도달하기 위해 자신의 모든 역량을 집중하는 강한 추진력과 열정이 있어야 한다.

(5) 변화 대응능력

창업자는 새로운 변화에 신속하게 대처할 수 있는 능력을 갖추고 있어야 한다. 성공적인 창업자들은 사업기회를 포착하고 그것을 현실화하는 능력 외에 시장트렌드와 고객의 니즈를 정확하게 파악하여 대처하는 능력이 있어야 하며, 예상하지 못한 문제 발생 시 신속하게 대응할 수 있어야 한다. 또한 창업자는 경쟁자와는 다른 차별화된 전략이 있어야 하는데, 아무리 좋은 아이템을 가지고 사업을 한다 하더라도 차별화된 특성이 없다면 성공하기 쉽지 않다.

02 창업환경

성공적인 창업을 위해서는 창업환경을 이해하여야 한다. 창업환경은 창업에 직간접으로 영향을 주는 경제적 환경과 사회문화적 환경, 시장트렌드 그리고 그 사업체가 처한 내부환경으로 인적·물적자원 및 사업 역량이 있다.

1) 경제적 환경

경제적 환경이란 창업자에게 직간접적으로 사업에 영향을 주는 요인으로서 금리, 환율, 물가, 소득수준 그리고 원자재 가격 등을 들 수 있다. 금리는 창업자에게 가장 민감한 사항이라 할 수 있는데, 자금을 빌려서 창업을 하는 사람에게는 금리가 오를 경우 곧바로 금융비용이 증가하여 수익에 큰 영향을 미치기 때문이다. 환율변동 역시 업종에 따라 다르지만, 원료를 수입하거나 수출을 하는 경우 원자재 가격, 수출입 상품 원가에 영향을 미친다. 소득수준은 상품에 대한 수요를 결정짓는 요인이며 물가 변동률 역시 인건비와 상품가격 상승을 가져와 수익성이 영향을 미치는 중요한 경제적 요인이다.

표 10-1 창업에 영향을 주는 경제적 요인

경제적 요인	창업에 영향을 주는 내용
금리 변동	자금차입으로 금리상승 시 금융비용 증가
환율 변동	수입, 수출상품 원가 및 원자재 가격에 영향
물가 변동	물가상승 시 재료비 가격상승과 인건비 증가
원자재가격	원자재 수입가격, 원료비 상승은 수익성에 영향
소득수준	소득 변화는 상품 및 서비스에 대한 수요에 영향

고 있다. 원하는 것을 즉시 서비스받는 온디멘드는 '카카오택시', '배달통', '요기요'와 같이 생활에 밀접한 부분에서 좋은 성과를 내고 있으며 소비자들의 소비형태도 변화하게 만들고 있다. 다양하고 많은 정보를 쉽고 빠르게 얻을 수 있게 된 소비자들은 사치의 소비에서 가치의 소비에 중심을 두는 방향으로 이동하고 있는 것이다.

4) 우리나라의 창업환경

〈2016년 세계은행 기업환경평가〉

기업환경평가 분야별 순위변동 추이(평가대상 190개국, 단위: 위))

	2011	2012	2013	2014	2015	2016년
법적 분쟁해결	2	2	2	4	2	**1**
창업	24	24	34	17	23	**11**
세금납부	38	30	25	25	29	**23**
재산권 등록	71	75	75	79	40	**39**
전기공급	11	3	2	1	1	**1**
퇴출	13	14	15	5	4	**4**
소액투자자 보호	79	49	52	21	8	**13**
건축 인허가	26	26	18	12	28	**31**
통관행정	4	3	3	3	31	**32**
자금조달	8	12	12	36	42	**44**

자료: 세계은행(World Bank), 기획재정부.

세계은행의 기업환경평가는 국가별로 기업 생애주기에 따라 창업에서 퇴출에 이르는 10개 분야를 조사해서 비교 평가하는데, 창업 환경평가요소는 창업에 소요되는 시간 창업에 소요되는 비용 창업에 필요한 행정절차 창업에 필요한 최소 자본 등 4가지로 각국의 창업환경을 평가하여 기업을 만들고 정리하는 과정에서 관련 제도가 얼마나 기업 친화적인지를 보는 것이다.

세계은행(WB)이 발표한 '2016년 기업환경평가(Doing Business)'에 따르면 우리나라는, 전 세계 190개 국가 가운데 창업환경은 11위로 비교적 양호한 것으로 평가되었다.

그러나 2016년 기획재정부 조사에 의하면 우리나라 신규창업자 99만 명 중 84만 명이 3년안에 폐업하는 것으로 나타났다. 창업 성공률이 15%에 불과한 셈이다. 창업 실패의 이유는 다양하지만, 최근 우리나라의 경우 소비침체와 세계 경제불황 및 치열한 경쟁의 영향에 따라 창업현실은 그만큼 쉽지 않은 것이 현실이다.

[참고] 우리나라 청년, 대학생들이 생각하는 창업의 성공요건

우리나라 청년, 대학생들이 생각하는 창업성공의 핵심요소는 "획기적인 사업아이디어(40%)라는 의견이 가장 많았고 그 다음은 풍부한 창업자본(19%), 인적 네트워크(17%) 순으로 나타났다. 좋은 아이템이 있다면 창업할 의사가 있다는 응답이 42%에 달해 창업아이템이 가장 중요한 요소임을 다시 확인하였으나, 실제로 창업을 고려한 이유는 단지 좋은 경험이 될 것 같아서라고 응답한 비율이 가장 높고(48%), 가장 중요하다고 생각한 획기적인 아이템이 없어서(17%)란 비율이 상대적으로 낮아 창업에 대한 생각과 현실적인 행동에는 차이가 있는 것으로 나타났다.

〈창업성공의 가장 중요한 요소는?〉

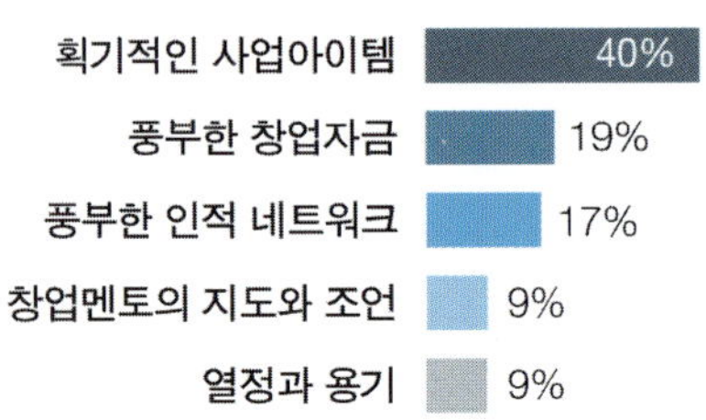

〈창업을 실제로 고려한 이유는?〉

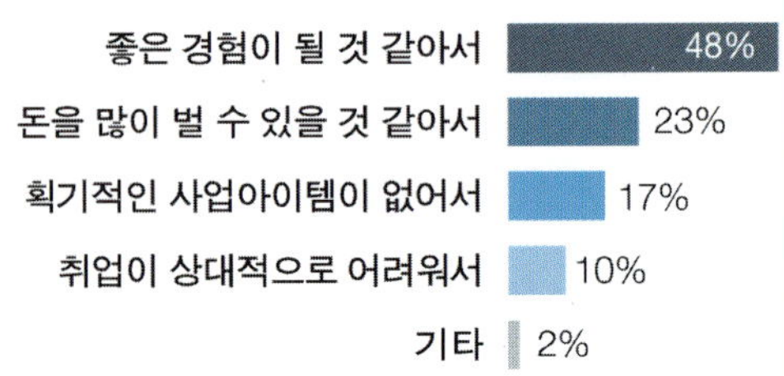

5) 창업환경과 SWOT 분석

창업에서 시장과 경영환경에 대한 분석을 함으로써 어떠한 방향으로 사업을 전개해야 하는지를 파악할 수 있다. 창업을 하기 위한 경영환경 분석을 통해 파악된 자료를 가지고 기업의 강점과 약점, 기회와 위협요인을 분석하여 창업전략을 세우는 과정을 거치게 되는데, 그것이 바로 SWOT 분석이다. SWOT(strength, weakness, opportunity, threat) 분석은 기업 내부의 강점과 약점, 외부의 환경이 기업에 영향을 미칠 수 있는 기회와 위협요인을 찾아내어 창업전략을 수립하는 기법이다. 기업의 내부환경을 분석해 강점과 약점을 발견하고, 외부환경을 분석해 기회와 위협을 찾아내 이를 토대로 강점은 살리고 약점은 보완, 기회는 활용하고 위협은 억제하는 마케팅 전략을 수립하는 것을 의미한다.

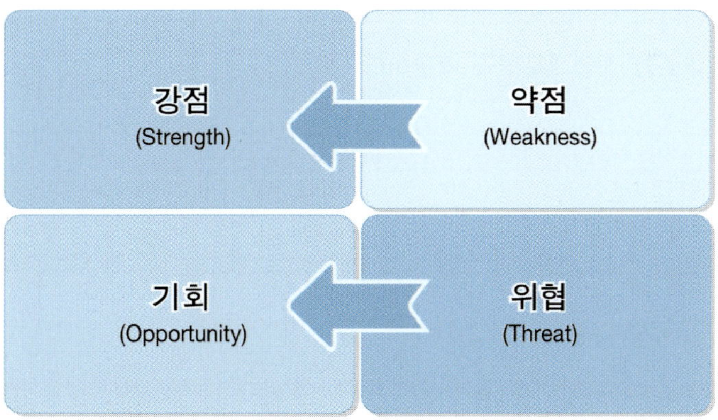

그림 10-1 SWOT 분석의 틀

학습 요약

1. 창업이란 '새로운 사업을 개시(start-up)하는 것'을 말하며, 새로운 일에 대한 도전과 기회가 되는 동시에 모험적이며 불확실성과 위험이 따르는 특성이 있다.

2. 창업을 위해 필요한 요건으로는 창업아이템, 창업자금, 창업자 그리고 사업장이다.

3. 창업에 성공하기 위해서는 명확한 목표설정, 철저한 준비, 적합한 업종 선택, 결단력 그리고 변화에 대처할 수 있는 능력이 필요하다.

4. 창업성공을 위한 준비사항으로는 창업하고자 하는 분야의 현황을 먼저 이해하고 시장트렌드와 전략을 세밀하게 검토하여야 한다.

5. 우리나라의 창업환경은 매우 양호한 편이나 창업실패율이 높은 이유는 창업자의 준비부족과 창업교육부족 때문이다.

Worksheet 10-1

1. 창업이 왜 필요한지 나의 생각을 정리해 보자.

2. 창업을 하기 위해 필요한 4가지 요소는 무엇인가?

Worksheet 10-1

3. 최근 창업시장의 트렌드(trend)는 어떠한 특징이 있는가?

4. 성공적인 창업을 위해 갖추어야 할 요건은 어떠한 점들이 있는가?

MEMO

Chapter

11 창업의 실제

학 습 목 표

1. 창업아이템 선정과 사업타당성 분석을 이해할 수 있다.
2. 상권 분석과 입지 선정방법에 대하여 알아본다.

Chapter 11

창업의 실제

01 창업아이템 선정

1) 창업아이템 선정방법

창업에 있어서 가장 핵심적인 요소는 바로 사업아이템을 선정하는 일이다. 창업아이템 선정은 창업자금 조달과 함께 사업의 성공 여부를 결정짓는 가장 중요한 요소이다. 창업자가 아이템을 선정한 후 사업을 개시하기 전까지 해당 사업의 성공 가능성에 대하여 객관적이고도 냉철한 검증 절차를 거쳐야 하는데, 창업아이템은 기본적으로 창업자의 적성과 능력, 상품과 서비스의 시장성, 수익성 및 경쟁력을 고려하여 선정하여야 한다.

표 11-1 창업아이템 선정 시 고려하여야 할 사항

구분	선정기준
적성 및 능력의 적합성	• 해당업종이 창업자의 적성 및 성향에 맞는가? • 해당업종에 대한 경험, 지식 및 사업수행능력은 있는가? • 해당업종의 창업자금 조달능력은 가능한가?
시장성 경쟁력 전망	• 해당지역에서의 시장 분석상 입지가 해당업종에 적합한가? • 해당 아이템의 라이프사이클이 도입기 또는 성장기 업종인가? • 시장의 경쟁력은 우수하며 성장전망은 양호한가?
수익성 양호 여부	• 해당 업종에 대한 투자비용 대비 수익전망은 양호한가? • 손익분기점은 얼마이며, 흑자실현은 언제 가능할 것인가? • 인테리어공사 등 고정비가 권리금화에 유리한가?
상품성 우수 여부	• 고객 입장에서 가격에 비해 유용한 상품인가? • 고객에게 인기도와 타 경쟁업체 대비 차별성은 있는가? • 상품조달 및 계속적인 공급은 용이한가?

2) 창업아이템의 원천

창업아이디어는 어디에서 어떻게 찾아낼 수 있는가? 예비창업자는 많은 사람들과의 접촉, 전문가 상담, 관련 분야 종사자, 창업박람회, 창업아이디어 벤치마킹, 인터넷 창업 관련 사이트 검색 등 다양한 정보를 활용하여 사업아이템을 찾을 수 있다.

(1) 경험

본인이 경험한 사업 현장에서 창업 아이디어를 얻는 경우

(2) 취미

평소 좋아하던 본인의 취미가 사업 아이디어로 연결되는 경우

(3) 벤치마킹

타 창업자의 아이디어나 창업사이트 및 창업박람회 등을 통해 아이템을 얻는 경우

(4) 권리취득

연구소 및 대학연구기관 등을 통해 얻은 아이디어를 권리취득하여 상품화하는 경우

(5) 적극적 제안

시장에서 필요로 하는 아이디어를 바탕으로 본인이 적극적으로 상품을 개발하는 경우

(6) 일상의 행위

일상생활에서 불편함을 유심히 관찰하며 개선하고자 하는 중에 창업 아이디어를 얻는 경우

3) 창업자의 성향과 아이템 선정

창업에 있어서 자금이 풍부하고 유망한 아이템이라고 해서 반드시 성공을 보장할 수 있는 것은 아니다. 창업자는 자신의 적성과 성향에 맞는 업종을 선택해야 열정과 흥미를 가지고 일할 수 있기 때문이다. 자금여력뿐만 아니라 경험, 경력 및 적성에 맞는 업종을 선택해야 그만큼 성공 가능성이 높다고 할 수 있다.

(1) 외향형

- 외향적이고 사교성이 많으며 적극적이고 활동적인 성격

- 다른 사람과 어울리기를 선호하는 유형으로 다양한 업종에 적합함
- 예) 홍보 및 광고업, 세일즈업, 창업이벤트업, 유통업, 여행업 등

(2) 내향형

- 내향적이고 매사에 진지하며 차분한 성격의 소유자
- 본인이 별다른 영업활동 없이도 고객이 찾아오는 업종에 적합함
- 예) 편의점, 꽃가게, 컴퓨터 학원, 독서실, 경영컨설팅업 등

(3) 아이디어형

- 아이디어가 많고 진취적이며 도전정신이 강한 스타일의 성격
- 지식기반과 벤처사업 등 모험성이 높은 미래지향적 업종에 적합함
- 예) 발명사업가, 벤처사업가, 정보통신업, 소프트웨어 개발공급업 등

(4) 원칙주의형

- 자존심이 강하고 원칙주의를 선호하는 성격의 소유자
- 전문성이 강한 기술직 종사자나 공급자 중심 사업에 어울림
- 예) 전기수리업, 외식업, 금융서비스업, 통신판매업 등

(5) 저돌적 추진형

- 강한 추진력이 있고 저돌적인 성격소유자
- 종업원 통제 및 관리가 능함, 고객접대 노하우가 필요한 사업에 적합
- 예) 오락 이벤트업, 대규모 기획가, 창업컨설팅업 등

나의 창업성향은 어떠한지 다음의 체크리스트를 통해 확인해 보자.

표 11-2 나의 창업성향 체크리스트

체크리스트	평가		
	예	보통	아니오
1. 낙관적인 성격이다.			
2. 가족의 동의가 협력확보가 가능하다.			
3. 사람 만나는 것을 좋아한다.			
4. 신용을 곧 생명으로 알고 지킨다.			
5. 어떤 일에 대한 성취욕구가 높다.			
6. 자신의 운명을 스스로 개척할 수 있다고 믿는다.			
7. 나는 매사에 열정적인 편이다.			
8. 한번 결정하면 끝까지 수행한다.			
9. 다른 사람을 설득할 수 있는 능력이 있다.			
10. 아이디어가 풍부하다고 생각한다.			
11. 새로운 방식을 빨리 받아들인다.			
12. 건강에 자신이 있다.			
13. 무슨 일에나 집념이 강하다.			
14. 변화에 능숙하고 친구가 많은 편이다.			
15. 많은 과제를 가지고 일하는 것이 즐겁다.			
16. 곤란한 일을 당해도 해결의지가 강하다.			
17. 남보다 한 발 앞서 가려는 마음이 강하다.			
18. 모든 것을 계수화하기를 좋아한다.			
19. 아랫사람에 대한 사랑이 많은 편이다.			
20. 신문, 인터넷 등 정보 읽기를 좋아한다.			
21. 새로운 분야에 대한 관심이 많은 편이다.			
22. 번득이는 아이디어와 창의력이 있다.			
23. 장래에 하고 싶은 일이 강한 편이다.			
24. 남보다 참을성이 강한 편이다.			
25. 보거나 듣고 난 후에 메모하는 습관이 있다.			
합계			

[점수] "예" 4점 "보통" 2.5점 "아니오" 1점

[평가방법]

각 항목에 대하여 "예"라고 한 경우 4점, "보통"이라고 답한 경우 2.5점, "아니오"라고 한 경우 1점을 주어 25개 문항에 대한 점수를 합산하여 창업자 자질을 알아본다.

점수	판정	점수	판정
90점 이상	창업 자질이 매우 높음	60점 이상	창업 자질이 보통임
80점 이상	창업 자질이 비교적 높음	50점 이상	창업 자질이 다소 낮음
70점 이상	창업 자질이 약간 높음	50점 미만	창업 자질 낮음

4) 연령별 창업유형

일반적으로 창업유형은 모험창업, 기반창업, 전문창업, 안전창업 등으로 나누어 볼 수 있다. 각 연령대별 창업역량과 약점 및 강점이 있을 수 있는데, 예를 들어 20대에 창업을 하는 경우 참신한 '아이디어와 패기'가 큰 강점일 수 있으나 '자금조달' 능력은 큰 약점으로 들 수 있다. 따라서 20대 연령층의 경우 자신의 아이디어를 현실화시킬 수 있는 자금확보 방안을 마련하거나 적은 비용으로 시작할 수 있는 아이템을 선정하는 것이 바람직하다. 이러한 연령별 창업성공 기준은 절대적인 것은 아니지만 이러한 원칙을 지킬 때 사업실패와 시행착오를 최소화할 수 있고 나아가 창업의 성공 가능성을 높일 수 있다.

연령	창업유형	판단기준
20~30세	모험 창업	• 본인의 전공과 직업에 관계없이 어떤 분야든 선택 가능 • 실패는 오히려 자산이 될 수 있으며 재기 가능성이 높기 때문에 모험창업의 정당성을 확보할 수 있음
31~35세	선택 창업	• 본인의 적성에 맞는 업종을 선택하여 창업하는 것이 바람직함 • 창업아이템 발굴 시 본인의 적성과 업무와 상관관계를 고려하여 선택해야 성공 가능성이 높음

36~40세	기반 창업	• 사회생활을 통해 자신이 닦아놓은 기반을 활용한 창업이 바람직하며 어느 정도 불확실성이 배제된 아이템 선택이 중요 • 장기적인 안목으로 지속성 있는 사업추진에 집중하여야 함
41~50세	전문 창업	• 학력을 불문하고 본인의 업무분야에서는 최고의 전문가임을 활용하여 창업을 하는 것이 바람직함 • 해당분야의 전문성과 경험이 주요 선택요인임
50세이후	안전 창업	• 사회경륜과 지식은 풍부하나 많은 지식과 경험이 오히려 의사결정을 하는 데 장애가 될 수 있음 • 리스크가 없는 안전한 창업아이템 선택이 중요

02 사업타당성 분석

1) 사업타당성 분석이란?

창업자가 아이템을 선정하여 사업을 개시하기 전까지 해당 사업의 성공 가능성에 대하여 객관적이고도 냉철한 검증 절차를 거쳐야 하는데, 이 과정이 바로 사업타당성 분석이다.

사업타당성 분석은 사업을 추진하는 과정에서 나타날 수 있는 여러 가지 문제점과 위험요소를 사전에 점검하여 창업자가 해당 사업을 추진해도 좋을지 여부를 확인하는 과정인데, 사업 시작 전에 합리적인 사업타당성 분석을 통해 위험요소를 확인하고 약점을 보완함으로써 창업의 성공률을 높일 수 있다.

2) 사업타당성 분석 절차

사업타당성 분석은 사업 시행 전에 우선 후보 사업아이템을 탐색하고 이 아이템에 대한 예비사업성 분석을 통해 선별과정을 거친다. 이 작업을 통해 후보 아이템을 비교 평가하여 우선 순위를 결정하고 성공 가능성이 희박한 아이템은 과감하게 버리고 가장 우수한 최적 아이템을 선정하는데, 분석 절차는 다음과 같다.

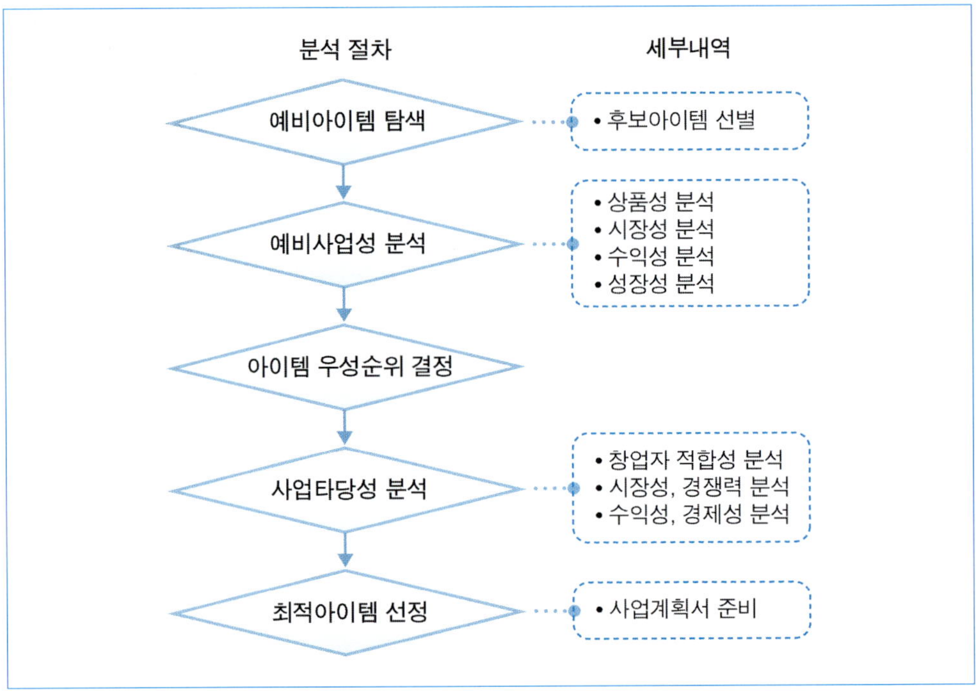

그림 11-1 사업타당성 분석 절차

(1) 사업 수행능력 및 적합성

창업의 성패는 창업자가 계획한 사업에 대한 수행능력과 자질 그리고 해당업종에 대한 적합성에 의거해서 평가할 수 있다. 개인이나 기업이나 어떤 사업에 대한 성공과 실패는 가장 중요한 인적 요인에 의해서 좌우된다. 특히, 신규 창업의 경우 창업자의 계획 사업 수행능력과 앞으로 경영하고자 하는 업종에 대한 경험, 지식 및 관련성이 핵심요소이다. 사업을 성공적으로 이끌기 위해서는 창업분야에 관련된 선행지식이나 경험 그리고 환경 변화에 대처할 수 있는 능력 이외에 창업자의 결단력, 책임감 및 조직을 이끌어 나갈 수 있는 리더십이 중요한 요소이다.

(2) 시장경쟁력과 성장성

시장경쟁력 분석이란 사업을 시작하기 전에 해당 상품 또는 서비스 시장의 크기는 어느 정도인지, 성장 잠재력과 유사상품의 수요는 어떠했는지를 분석해 보는 것인데, 해당 아이템에 대한 고객 선호도와 반응은 어느 정도인지, 상품 품질이 시장에서 기존상품과 경쟁에서 우위를 점할 수 있는 경쟁력 정도를 파악하는 것이다. 아무리 좋은 상품을 만든다고 하더라도 해당상품이 시장에서 판매되지 않는다면 사업의 의미가 없을 것이다. 시장경쟁력 분석의 최종 목적은 앞으로 생산 예정인 상품이나 서비스가 시장에서 얼마나 팔릴 것인가, 향후 증가추세는 어떻게 변할 것인가 등 사업성패를 사전에 판단할 수 있는 중요한 정보를 얻는 것이라 할 수 있다.

(3) 수익성과 경제성

수익성과 경제성 분석은 계획한 사업을 통해 실현 가능한 모든 수익과 비용자료를 추정하고 분석 검토하는 것을 말한다. 계획한 아이템이 성공적으로 생산되어 예상된 적정판매량이 실현된다 하더라도 적정 수익을 실현하지 못한다면 그 사업은 결국 성공 가능성이 없는 것으로 판정할 수밖에 없는 것이다. 수익성 분석에서 가장 중요한 평가사항은 수익전망과 손익분익점 분석(breakeven point analysis)이다. 수익 전망은 창업 후에 과연 이익이 발생하는 시점이 언제부터인가 하는 점이다. 보통 2~3년 이내에 매출에 대한 순이익 실현 여부를 분석해 본다. 이러한 수익성 전망은 자금계획 수립과 밀접한 관련이 있기 때문에 사업의 위기를 초래하지 않기 위해서는 수익 전망 분석이 필수적이다.

(4) 자금조달능력과 위험요인

자금조달능력은 창업아이템이 시장성과 수익성이 있는 사업이라도 그 사업에 필요한 적정 자금규모는 어느 정도이며, **자금을 적기에 차질 없이 조달할** 수 있는지, 그리고 조달된 자금을 상환조건과 기간에 따라 원만하게 상환할 수 있는지 여부를 검토하는 것이다.

사업규모는 창업자의 자금조달능력에 따라 결정된다. 차입금으로 자금을 조달할 경우 먼저 상환능력을 검토하여야 하는데, 차입금 상환계획을 소홀히 할 경우 상환기간이 일시적으로 도래하는 상황이 발생할 때는 사업이 큰 곤경에 처할 수 있다.

사업 위험요인 분석은 사업의 성패에 결정적인 영향을 미치는 사업타당성 분석의 최종 단계라 할 수 있다. 창업에 대한 위험요인은 창업 업종이 제조업이냐 도소매업이냐 아니면 서비스업이냐에 따라 달라질 수 있으며, 그 업체의 특성에 따라 상이할 수 있기 때문에 위험요인 분석은 해당기업의 성패에 중대한 영향을 미친다.

03 상권 분석

1) 상권 분석이란?

창업에 있어서 상권 분석은 창업성공의 중요한 요건이다. 상권(trade area)이란 고객을 끌어들일 수 있는 지역적 범위를 말하는데, 고객이 유입되는 지리적 여건으로서 해당지역 점포나 사무실 그리고 거주지역이라고 말할 수 있다. 상권 분석을 통해 상권 전체의 현황과 잠재력을 파악하여 매출과 직결되는 잠재수요를 추정하고 수익을 예측할 수 있다.

2) 상권 분석방법

상권 분석을 위해서는 다양한 영향요인에 대한 검토가 필요하다. 상권은 지역의 공간적 특성을 나타내고 있기 때문에 상권의 크기뿐만 아니라 특정 지역이 갖는 경제현황, 교통여건, 고객 특성 및 상권 내의 경쟁 정도 등을 분석하여 해당 시장에서 얼마나 영업력을 발휘할 수 있는지를 살펴보아야 한다.

최근 정확한 상권 분석과 정보수집을 위해서는 '상권정보시스템'을 활용하는 것이 유용하다. 〈참고〉 http://sg.sbiz.or.kr(상권정보시스템)

표 11-3 상권의 영향요인 분석

구분	분석내용
상권의 공간적 특성	• 상권 구조특성상 도심인가 부도심인가? • 도시특성상 상권이 주거지 혹은 상업지에 위치하는가? • 공간적 특성상 자연조건과 지형은 어떤 형태인가?
경제현황 및 교통여건	• 도로, 교통상황 및 시간대별 통행량은 어느 정도인가? • 문화 및 공공시설 유무와 유동인구는 어느 정도인가? • 해당 지역 내 행정 및 경제여건은 어느 수준인가?
상권 내의 고객특성	• 상권 내 상주인구 및 유동인구 비중은 어느 정도인가? • 인구분포, 연령, 직업별 분포현황은 어떠한가? • 소득수준, 소비수준 및 주거유형 형태는 어떠한가?
상권 내의 경쟁구조	• 상권 경계상 또는 업종별 경쟁구조는 어떠한가? • 대형 또는 경쟁소매점의 분포현황 및 활동현황은? • 상권 내의 경쟁 및 상호 의존관계 특성은 어떠한가?

3) 상권의 구분

(1) 매출액과 근접성 기준

상권은 고객들이 거주하거나 활동하는 거리 및 매출액을 중심으로 일반적으로 1차 상권, 2차 상권, 3차 상권으로 구분할 수 있다.

1차 상권이란 보통 도보로 5분 내 거리이면서 반경 약 500m 이내 범위에 해당된다. 이 지역은 전체 점포 이용객의 60~70%를 포함하는 범위를 의미하며 점포에 가장 근접해 있고 내점 빈도나 매출액 비중이 가장 높은 지역이다.

2차 상권이란 1차 상권 외곽에 위치하며 전체 점포 이용고객의 20~30%를 포함한다. 1차 상권에 비해 고객들이 넓게 분산되어 있어 고객의 접근성이 떨어진다. 도보로 15분 이내의 거리로 반경 약 1km 이내이다.

3차 상권은 1차 및 2차 상권에 포함되는 고객 이외의 나머지 고객들이 거주하는 상권범위로 한계상권(fringe trading area)이라고도 하는데 고객들의 거주지역은 광범위하게 분산되어 있고 점포에 미치는 영향은 미미하다.

(2) 입지특성에 의한 구분

❶ 주택가 상권

주택가 지역은 일반적으로 단지에 따라 생활수준이 다르고 큰 차이가 나는 경우가 있다. 대개의 경우 주택가는 생활수준이 높지 않은 밀집지역으로, 특히 서울과 수도권의 경우 주택가 거주자들은 아파트에 거주할 경제적인 여유가 없는 젊은 연령층이 상당수인 경우가 많다. 이들은 소비가 왕성하나 여유로운 소비가 만만치 않아, 이 지역에서는 대규모업종보다는 소규모업종이 유리하다.

- **추천업종** : 헤어숍, 제과점, 치킨점, 아동복전문점, 대중음식점, 초등학생 대상 학원 등

❷ 아파트단지 상권

아파트단지 상권은 소비자와 상가가 근접해 있으며 주 고객이 아파트 주민으로 큰 유동이 없고 거주자들의 생활수준이 비교적 큰 차이가 없으며 소비패턴의 변화가 크지 않으므로 소비자들의 일상적인 생활용품을 취급하는 업종이 좋다. 따라서 고가의 장식품 업종보다는 소규모 생활 업종이 유리하며 비교적 안정적 매출이 확보될 수 있어 손익분기점에 빠르게 도달할 수 있으나 수익규모가 크지 않다.

- **추천업종** : 편의점, 배달전문점, 제과점, 정육점, 학원, 독서실, 치킨점, 대중음식점 등

❸ 학교 주변 상권

학교 주변은 주 고객이 학생들이므로 구매형태를 감안한 업종선택을 고려하여야 한다. 학교 주변과 대학교 주변은 소비패턴과 구매력이 큰 차이가 있으며, 소자본 창업이 가능하고 소비자가 한정적이어서 마케팅 공략이 비교적 수월하다. 그러나 수익 창출에 있어서는 학기 중과 방학 중과의 차이가 심하므로 이 점을 반드시 고려하여야 한다.

- **추천업종** : 문방구, 편의점, 샌드위치, 치킨호프집, 미용실, 노래방, 학원, 소규모 먹거리점 등

❹ 사무실 및 오피스텔 지역 상권

도시지역 사무실과 오피스텔이 밀집된 지역의 고객은 주로 젊은 연령층의 직장인들이며 식생활과 관련된 요식과 놀이문화가 대부분을 차지하고 있다. 최근에는 사무실 주변에서 운동을 하거나 아침식사를 하고 출퇴근하는 직장인들이 많이 늘고 있으며, 오피스텔은 비주거용이나 사무실 용도와 함께 준 주거용으로 20~30대 젊은층이 많이 거주하고 있으며, 주말에는 공동화 현상이 있어 한산한 편이다.

- **추천업종** : 커피전문점, 편의점, 헬스클럽, 도시락전문점, 대중음식점, 치킨호프집, 세탁소 등

❺ 역세권 및 번화가 상권

백화점, 극장, 유명제품점 등이 밀집되어 있고 고층빌딩과 많은 인구가 밀집되는 지역이다. 이 지역은 청소년부터 성년층까지 유동인구가 다양하며 남성보다는 여성인구 비율이 상대적으로 높은 것이 특징이다. 이 지역은 고가의 상품부터 서비스 업종이 대부분을 차지하며 화려하고 특색이 있는 사업장이 성공할 확률이 높아 초기 창업자에게는 쉽지 않은 곳이다.

- **추천업종** : 화장품점, 스마트폰판매점, 커피숍, 의류점, 음식점, 액세서리점, 이동판매점 등

04 입지 선정

1) 입지 선정이란?

상권은 잠재고객이 어느 지역에 거주 또는 분포하느냐 하는 것으로 유동적인 반면에 입지는 사업장의 위치 선정문제로서 사업장이 위치한 곳이 사업하기에 어떤 여건에 있느냐 하는 것을 말한다. 우수한 점포입지를 선택하는 것은 사업을 성공적으로 이끄는 첫 단추가 되는 것인데, 일단 결정한 입지는 창업이 시작되면 옮기기가 매우 어려울 뿐만 아니라 매출실적과 바로 직결되기 때문이다. 또한 현재 입지가 좋다 하더라도 앞으로 상권이 어떻게 변할지도 분석해야 하며, 향후 해당 입지에 부정적 영향을 미칠 수 있는 요인도 함께 점검하여야 한다.

2) 우수한 입지 선정방법

(1) 입지 주변의 특성파악

창업자가 입지 선정을 할 때 가장 우선적으로 파악하여야 하는 점이 입지하고자 하는 주변지역의 특성이다. 후보 입지에 계획하고 있는 업종의 현황, 영업상태 등을 파악하여 상권의 발전 정도를 유추해 낼 수 있으며, 반대로 입지의 특성에 따라 그 지역에 적합한 업종을 검토해 보고 향후 입점 시 영업전략도 수립할 수 있는 것이다.

(2) 상권의 특성파악

점포입지 선정 시 확인해야 할 사항 중 다른 하나는 배후지역 특성인데, 배후지역이란 점포의 상권 안에 거주하고 있는 영업대상 계층의 수준과 범위이다. 배후지역주민의 소득 및 소비수준, 인구수 및 총 세대수, 성별 및 연령대별 인구수, 주거형태, 소비행태, 직업별 분포, 교육수준 정도 등을 조사하고 분석하여 입지전략을 수립한다.

(3) 유동인구의 특성파악

동일한 상권 내의 같은 지역이라도 우수한 입지는 점포 앞 유동인구가 많고 적음에 따라 결정되며, 또한 유동인구의 특성에 따라 업종의 적합성이 결정된다. 유동인구는 상당히 많으나 장사는 잘 안 되는 점포가 있다. 이것은 점포 앞의 유동인구가 단순히 지나쳐 가는 사람이거나, 점포의 업종이 유동인구 계층에 적합하지 않은 경우이기 때문이다.

(4) 점포 이용 편리성 파악

입지 선택 시 추가로 고려해야 할 요소는 점포의 이용 편리성이다. 고객들이 얼마나 쉽고 편리하게 찾아올 수 있는 위치에 있는가 하는 점도 중요한데, 사람들은 특별한 물건을 구매하기 위한 목적이 아니라면 대부분 접근하기 쉬운 점포를 이용한다.

(5) 입지의 성장성 파악

인구 유입이 지속적으로 늘어나거나 소비계층이 얼마나 증가할 수 있는 상권 입지냐 하는 점이 잠재적 성장성을 파악하는 중요한 요인이다. 또한 같은 종류의 상품을 취급하는 점포가 얼마나 모여 있느냐 하는 응집력 정도가 고객을 유인하는 기준이 될 수 있는데, 지나치게 유사한 업종의 점포가 밀집되어 있는 경우는 경쟁이 심해져 오히려 매출이 감소하는 요인이 될 수도 있다.

표 11-4 넬슨(R. L. Nelson)의 입지 선정 8가지 평가기준

구분	내용
접근 가능성	관할 상권 주변에 있는 고객을 나의 점포로 끌어들일 수 있는 가능성
성장 가능성	인구증가 및 소득수준 향상으로 시장규모와 매출액이 성장할 가능성
중간 저지성	기존 점포가 중간에 위치하여 나의 점포로 오는 고객이 차단되는 정도
경쟁 회피성	신규 입점이나 기존 점포와의 경쟁에서 우위를 확보할 수 있는 정도
잠재력	관할 상권 내에서 취급하는 상품, 점포 또는 단지의 수익성 확보 가능성
흡인력	점포, 사무실, 문화시설 등이 인접해 있어 고객을 유인할 수 있는 가능성
양립성	상호 보완관계가 있는 점포가 위치하고 있어 흡입될 수 있는 고객 정도
경제성	입지의 가격 및 비용 등을 충당하고 가능한 수익성 및 생산성 정도

학습 요약

1. 창업아이템 선정 시 고려해야 할 사항으로는 창업자의 적성과 능력의 적합성, 아이템의 시장성과 경쟁력, 상품의 우수성과 수익성을 검토하여야 한다.

2. 사업타당성 분석이란 창업자가 아이템을 선정하여 사업을 시작하기 전에 그 사업에 대한 성공 가능성을 객관적이고 냉정하게 검증하는 과정이다.

3. 상권이란 고객을 끌어들일 수 있는 지리적 범위를 말하며 사업성공의 70% 이상을 좌우하는 중요한 요소이다.

4. 상권 분석은 상권의 공간적 특성, 경제현황과 교통여건, 고객특성 및 상권의 경쟁 정도 등을 기준으로 조사하여야 한다.

5. 우수한 입지를 선정하는 기준은 상권 주변의 특성, 유동인구 특성, 점포이용 편리성 및 향후 주변입지 성장성 등을 고려하여 판단하여야 한다.

Worksheet 11-1

1. 창업기회를 만들어 주는 창업아이디어의 원천은 어떻게 얻을 수 있는가?

2. 사업타당성 분석은 어떠한 방법과 절차로 수행하는지 알아보자.

Worksheet 11-1

3. 상권이란 무엇이며 상권 분석은 어떠한 점을 기준으로 조사하는가?

4. 우수한 입지를 선정하는 기준은 어떠한 요소를 고려하여 판단하는지 알아보자.

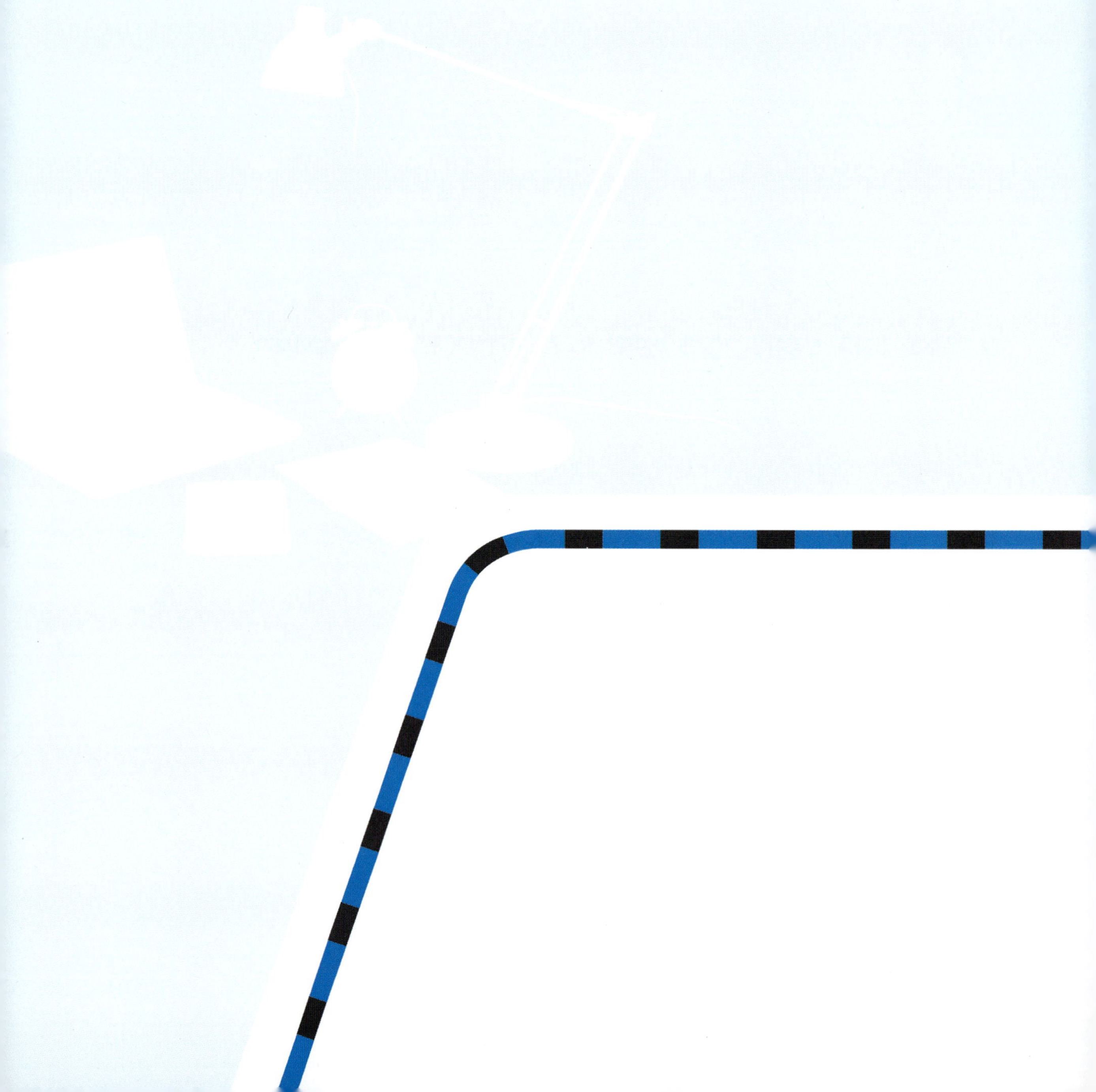

Chapter

12

창업절차와 창업지원제도

01. 업종별 창업절차

02. 창업지원제도

학습목표

1. 업종별 창업절차와 방법을 이해할 수 있다.
2. 창업자금조달과 창업지원제도를 알아본다.

Chapter

12 창업절차와 창업지원제도

01 업종별 창업절차

창업의 절차는 먼저 사업아이템을 결정하고 업종 선정이 이루어지면 사업타당성 분석, 사업장 입지 선정, 사업형태 구상, 창업 멤버와 조직을 구성하여 사업을 시작하게 된다. 이러한 과정은 어느 업종의 창업이든 공통적으로 필요한 과정이다.

본 단원에서는 서비스업, 도소매업, 프랜차이즈, 인터넷 비즈니스 창업의 특징과 방법 및 절차에 대하여 알아보고, 창업기업을 육성하기 위한 정책자금 지원제도와 자금 지원제도 이외의 각종 행정적 지원제도에 대하여 살펴본다.

1) 서비스업 창업

서비스 업종은 그 사업 영역이 가장 광범위하고 다양하기 때문에 한 가지 모델을 정하여 설명하기가 쉽지 않다. 예를 들어, 서비스업 중 학교나 병원을 설립하려면 매우 복잡하고 까다로운 절차를 거쳐야 하는 반면, 음식점이나 카센터 같은 경우는 비교적 간단한 절차에 따라 창업이 가능하다. 한편, 부동산중개소나 컨설팅 업종은 관련 유자격자가 훨씬 쉽게 창업할 수 있다.

(1) 서비스업의 특징

① 서비스 업종은 창업자의 지식, 경험, 노하우 등이 창업자의 능력 자체가 창업기반이 되는 경우가 많다. 따라서 서비스업을 창업하기 위해서는 최소한 사업분야의 전체적인 흐름에 대한 이해가 있어야 성공할 수 있다.

② 고객은 언제나 일정수준 이상의 서비스를 원하고 있기 때문에 소비자의 욕구와 기대에 만족할 수 있는 차별화된 서비스를 제공하도록 하여야 한다. 이를 위해서는 종업원 등 조직 구성원에 대한 교육을 지속적으로 실시하고 관리하여야 한다.

③ 서비스업 창업을 통해 사업기반이 다져지기까지 서비스 품질과 서비스 수준을 지속적으로 관리하여야 하며, 서비스는 생산되는 즉시 소비되는 특성이 있어 서비스 내용에 대하여 고객에게 충분한 설명을 하여야 한다.

(2) 창업절차

❶ 사업타당성 분석

어느 업종이든 창업 시작 전 가장 구체적으로 오랜 시간을 두고 점검하는 사항이 사업타당성 분석인 만큼 아이템의 적합도, 사업입지의 적정성, 시장성과 매출 전망, 수익성 및 성장성, 그리고 경쟁현황과 사업에 대한 리스크 등을 체크하여 사업아이템을 최종적으로 결정하게 된다.

❷ 회사 설립

서비스 업종은 너무나 광범위하고 다양하기 때문에 회사 설립 시는 먼저 해당 업종이 관련 법에 의거 허가 업종인지 아니면 단순히 신고만 하면 되는지를 먼저 확인하여야 한다. 사업형태는 개인사업자 혹은 법인사업자에 따라 갖추어야 할 요건이 크게 다르다. 개인 사업자 형태로 회사를 설립할 경우는 사업 인허가와 사업자등록만 하면 되지만, 법인의 경우는 법인설립 등기를 하고 법인등기부등본을 첨부하여 법인 설립 신고와 사업자등록을 신청하여야 회사가 설립된다.

❸ 입지 선정과 개업 준비

서비스 업종의 입지 선정은 고객에게 서비스를 제공하기에 얼마나 편리한 장소인지를 결정하는 것이 핵심이다. 서비스의 종류에 따라 고객이 찾아오는 업종인 경우는 가급적 교통이 편리하고 찾기 쉬운 곳을, 서비스 제공자가 고객을 찾아가는 업종이라면 임대료 등 공간 비용의 문제도 고려하여 다소 입지가 좋지 않아도 될 것이다. 입지 선정이 완료되면 개업에 필요한 필요 인력을 충원하고 각종 설비 등을 마련함으로써 창업에 들어가게 되는데, 본격적인 영업활동을 시작하기 전에 필요한 관리, 직원을 충원하여 조직을 구성하고 종업원에 대한 교육 훈련과정을 거친 후 본격적인 영업활동에 돌입하게 된다.

그림 12-1 서비스업 창업절차

2) 도소매업(유통업) 창업

도소매업은 흔히 유통업이라 하는데, 1차 산업, 즉 농림, 축산, 수산물과 2차 산업인 광공업 제품을 소비자에게 직접 판매하기까지의 과정을 맡아서 하는 업종이다. 도매업은 생산물을 최종 소비자가 아닌 소매업자에게 판매하는 것을 의미하며 소매업은 생산자 또는 도매업자로부터 매입한 제품을 최종 소비자에게 판매하는 활동이며, 생산자나 도매업자가 최종소비자에게 직접 상품과 이에 수반

되는 서비스를 판매하는 행위도 소매업에 속한다.

(1) 도소매업의 특징

도소매업은 제조업이나 서비스업에 비해 비전문가도 비교적 창업하기에 용이하며 창업절차가 간단하다. 업종특성상 인허가 사항이 적으며 창업절차가 단순하기 때문에 일반적으로 점포를 확보하고 사업자등록을 하면 바로 영업을 할 수 있다.

도소매업의 경우도 창업을 준비함에 있어 사업아이템 선택, 입지 선정 및 자금조달방법 그리고 상권 분석과 영업방법 등에 대한 세밀하고도 종합적인 점검이 반드시 필요하다.

(2) 도소매업 창업 절차

❶ 사업타당성 검토

서비스업 창업과 마찬가지로 사업아이템을 대상으로 관련 정보와 전문가의 조언을 바탕으로 자기의 적성과 맞는지 적합도를 분석하고, 사업입지, 시장성과 판매전망, 수익성 및 경쟁관계와 위험성을 점검하여 사업아이템을 최종적으로 선택하여야 한다. 사업아이템이 선정되면 사업의 유형, 즉 업태를 결정하여야 하는데, 먼저 도매업인가, 아니면 소매업인가를 비롯하여 대리점, 체인점, 독립점, 전문점 등 점포 운영 형태를 결정하여야 한다.

자금조달과 운용계획은 먼저 정확한 소요자금을 산정하고 자금의 용도와 필요시기도 고려하여야 한다. 창업 초기의 소요자금은 주로 점포 임대보증금, 권리금, 시설비, 상품구입비, 직원급여, 점포유지비, 물류비와 각종 공과금이며 보통 6개월 내지 1년 정도의 운영자금을 확보하고 있어야 한다.

❷ 입지 선정과 점포계획

도소매업 창업 시 가장 중요한 핵심요소 중 하나는 점포 입지 선정이다. 도소매업의 기본적 특성은 소비자와의 직접적인 접촉에 의해 구매가 이루어지므로 점포입지가 창업 성공의 70% 이상을 차지한다. 소매업의 경우 점포 입지는 버스노선, 지하철 등 교통이 편리한 지역과 다수의 소비자를 유인할 수 있는 시설이 주변에 존재하고 기존 상권이 형성되어 있는 곳이 경험이 적은 창업자에게 유리하며, 도매업인 경우는 유사업종 상권이 형성된 곳을 선정하는 것이 유리하다. 점포시설은 고객의 구매욕구를 높이기 위해 내부·외부 디자인 및 인테리어 등을 업종과 상품구색 갖춤에 어울리도록 설계하여야 하며, 조명, 색채, 디스플레이는 고객으로 하여금 상품에 시선을 끌게 하고 구매심리를 적극적으로 유발시키는 것이 중요하다.

❸ 개업 준비

도소매업, 유통업 등 판매업은 업무특성상 직원 이직률이 높고 고용의 정착성이 높지 않아 창업 시는 가급적 직원의 수를 최소화하고 임시직이나 파트타임 직원을 최대한 활용하는 것이 유리하며 특별히 경험이 풍부하거나 유능한 직원이 필요하다고 판단될 경우는 사전에 채용조건을 결정하도록 준비하여야 한다.

상품진열은 고객이 시선에 구매하고자 하는 상품이 가장 잘 보이도록 진열하는 것이 중요하며 상품구색을 충분히 갖추고 적정수준의 재고수준을 유지하기 위해 재고관리를 염두에 두어야 한다. 점포 개업을 전후하여 광고, 홍보 및 인적 판매활동을 전개하는 등 창업 초기 성공적인 출발이 될 수 있도록 적극적인 마케팅 활동이 필요하다.

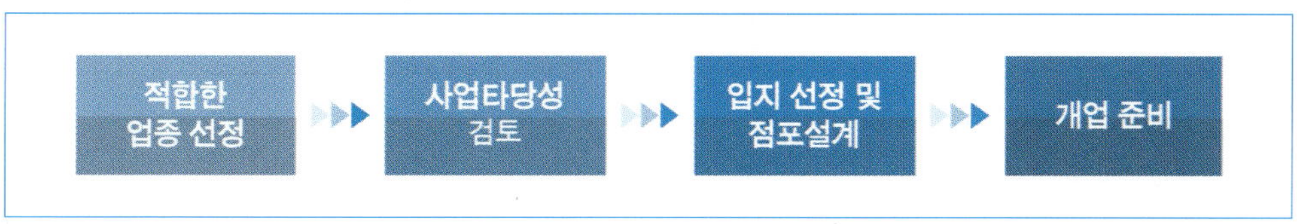

그림 12-2 도소매업 창업절차

3) 프랜차이즈 창업

프랜차이즈(franchise)란 체인본사(franchisor)와 가맹점(franchisee) 사이의 계약 관계를 통해 영업권을 이용하여 상품 또는 서비스를 판매하거나 영업을 할 수 있는 권리를 부여받아 사업을 영위해 나가는 형태를 말한다.

체인본사는 가맹점에게 해당지역 내에서의 독점영업권을 부여하는 대신 본사가 취급하는 상품, 광고, 인테리어 및 서비스 등을 관리하고 가맹점에 대한 교육, 경영지도, 판촉지원 등 경영에 필요한 모든 노하우를 제공한다. 이에 반해 가맹점은 체인본사에 가맹비, 로열티 등의 일정한 대가를 지불하고 가맹점 사업에 필요한 자금을 직접 투자해서 독립된 사업을 영위한다. 결국 프랜차이즈 비즈니스란 본사와 가맹점 간 수평적인 협력사업 형태라 할 수 있다.

(1) 프랜차이즈 창업절차

프랜차이즈는 창업에서부터 경영에 이르기까지 모든 과정을 본사에서 책임을 지고 지원해 주므로 예비창업자나 초보창업자들이 누구나 쉽게 창업을 할 수 있는 특징이 있다. 그러나 성공적인 창업을 위해서는 창업업종 선택, 입지 선정, 상권 분석 및 투자계획에 이르는 창업 준비와 창업 후 체인본사와의 운영과정, 즉 마케팅, 고객서비스, 영업활동이 유기적으로 진행되어야 한다.

❶ 적합성 검토

해당 업종이 자신의 성향에 맞는지, 해당 아이템에 대해 잘 이해하고 있으며 유망한 업종인지, 사업을 시작하는 데 필요한 자금조달은 가능한지, 프랜차이즈업의 장 · 단점은 잘 파악하고 있는지 등을 사전에 충분히 검토하여야 하며 필요한 경우 전문가의 컨설팅을 받는 것도 필요하다.

❷ 체인본부 선정

업종 선정이 되면 그 업종에 적합한 체인본부를 탐색하는 과정이다. 여러 체인본부의 조건, 즉 공급조건, 반품조건, 대금결재, 가맹점 면적, 보증금의 종류, 로열티와 인테리어 비용 등을 조사하여 비교 검토하고, 가장 유리하다고 판단되는 체인본부를 선정한다. 체인 수가 너무 많아 본사의 관리능력에 문제가 있거나 반대로 체인점 수가 너무 적어 사업성에 문제는 없는지, 해당 상권의 영업권을 보장해 주는지 여부 등도 체크하여야 한다.

❸ 사업타당성 분석

체인본부가 선정되면 그에 대한 사업타당성 분석을 실시하여 긍정적인 결과가 나오면 사업을 실시한다. 만일 점포 입지 선정이 먼저 이루어진 경우, 해당 점포 입지에 적합한 업종과 유리한 체인본사를 선정하여야 하며 선정된 본사에 대한 사업타당성 분석을 실시한다.

프랜차이즈 창업 시 가장 중요한 사항은 가맹점 계약에 따른 소요비용 산정이다. 프랜차이즈 본사의 주 수입원은 가맹비와 로열티인데, 가맹비는 프랜차이즈 본사의 브랜드나 경영 노하우를 제공하는 것이기 때문에 납부하면 돌려받지 못하는 돈이다. 로열티는 프랜차이즈 본사가 지속적으로 제공하는 각종 서비스와 혜택에 대하여 지불하는 비용이고, 브랜드 파워를 가진 프랜차이즈의 경우는 브랜드를 사용하는 권리에 따른 비용이다.

그림 12-3 프랜차이즈 창업절차

(2) 프랜차이즈 창업 시 검토사항

① 프랜차이즈 창업아이템

② 프랜차이즈 본사에 대한 신인도

③ 대금결제, 로열티, 가맹비 등 계약조건

④ 물류시스템, 영업권 보장 여부

⑤ 가맹점 수 적정성 및 마진율 정도

⑥ 가맹점에 대한 지원항목 및 조건

(3) 프랜차이즈 창업의 장 · 단점

일반적으로 프랜차이즈 창업의 장 · 단점은 다음과 같이 요약할 수 있다.

장점	단점
1. 초보자도 노하우 전수로 손쉽게 창업 가능 2. 단독 창업에 비해 실패 가능성이 낮음 3. 사업기간을 최대한 단축하여 창업 가능 4. 본사 브랜드 인지도 효과 및 홍보의 용이성	1. 본사와 가맹점 간 계약상 종속화 우려 2. 가맹비와 로열티 지불에 따른 경제적 부담 3. 체인본사 이미지 하락 시 동반 매출액 감소 4. 시장 변화, 고객 변화에 탄력적 대응 어려움

4) 인터넷 비즈니스 창업

인터넷을 통해 사업자와 고객 간에 일어나는 거래를 인터넷 비즈니스(internet business)라고 한다. 최근 web환경의 발달로 인터넷을 이용한 상품이나 서비스의 구입과 판매에 한정하지 않고 마케팅 활동, 정보 제공, 인력 제공, 쇼핑몰 운영 등 다양한 사업을 할 수 있는데, 인터넷 비즈니스 중에서 상품카탈로그와 쇼핑카트, 결재시스템을 구성하여 상품이나 서비스를 거래하는 것을 전자상거래라 한다. 인터넷 비지니스 창업방법과 절차에 대하여 알아본다.

(1) 사업타당성 분석

인터넷 비즈니스 창업도 인터넷을 이용한 환경에 적합한 아이템 선정이 먼저 이루어져야 한다.

아이템 선정이 결정되면 다음 단계는 목표 고객에 분석과 시장규모, 매출 및 수익성 분석이다. 이러한 사업성 분석이 이루어지면 창업하고자 하는 아이템과 관련하여 경쟁관계에 있는 다른 쇼핑몰이 있는지를 검토해야 한다. 경쟁사이트를 분석하여 점검포인트를 적은 체크리스트를 작성하여 경쟁우위를 확보할 수 있도록 전략을 세워야 한다.

(2) 콘텐츠 기획과 사이트 구축

콘텐츠는 인터넷 사이트 관리자 입장에서 사용자들에게 전달하고자 하는 내용과 사용자들을 사이트로 유인하는 중요한 내용이다. 콘텐츠는 인터넷 사이트의 목적이 무엇이고 대상고객이 누구냐에 따라 다르게 만들어야 한다. 콘텐츠와 기능의 목록이 결정되면 관련성이 있는 기능과 콘텐츠로 범주화하여 묶는 작업을 해야 하며, 그 다음 단계는 인터넷 사이트 구조를 구성하여야 하는데, 고객의 입장에서 편리하게 찾아갈 수 있도록 논리적이어야 한다.

(3) 인터페이스와 내비게이션 기획

사용자 인터페이스(user interface)는 고객들의 행동을 유도하거나 반응을 촉진하기 위한 디자인이어야 한다. 따라서 이를 구성하는 시각적인 요소와 전달방법이 중요하다. 인터페이스는 색상, 그래픽, 레이아웃, 체크박스, 스크롤 바, 하이퍼링크, 버튼 및 문자들과 같은 다양한 요소를 이용하여 사용자의 이동경로를 결정한다. 사용자의 인터페이스가 성공적이기 위해서는 먼저 사이트의 목적에 맞게 인터페이스가 구축되어야 하고, 사용자들로 하여금 혼란을 주지 않도록 전체적인 레이아웃이나 내비게이션 방법 등에서 일관성을 유지하여야 한다.

(4) 목표시장과 수익모델 설정

인터넷 비즈니스 창업의 경우 특성상 매출 대비 순이익이 상대적으로 낮기 때문에 한 분야에 집중적으로 투자하기보다는 다양한 아이템으로 사업을 확장하여 수익성을 높이고자 하는 사업주들이 많다. 최근 인터넷 비즈니스 분야는 경쟁이 가장 치열하여 수익모델을 구축하기가 만만치 않다. 인터넷 비즈니스에서 실패하는 경우의 대부분은 단발적인 아이디어와 기술로 단기적인 이익창출에만 몰두하기 때문이기도 하다. 따라서 인터넷 비즈니스 창업 전문업체로서 명확한 시장포지셔닝(market positioning)과 함께 이를 바탕으로 한 수익모델 설정이 필요하다.

(5) 인터넷 비즈니스 창업 시 고려사항

❶ 창업 콘셉트(concept)의 재확인

인터넷 비즈니스 창업의 가장 중요한 포인트는 자신이 취급하는 상품과 서비스의 콘셉트를 명확히 설정하고 사업타당성 분석을 통한 철저한 준비와 장기적인 안목으로 시장을 개척하는 일이다.

❷ 사용자 중심의 웹사이트 구축

인터넷 비즈니스는 사업특성상 웹사이트를 방문한 고객이 마음에 들지 않으면 바로 접속을 꺼려하기 때문에 고객의 입장에서 편리하고 쉽게 접근할 수 있도록 설계하고 구축하여야 한다.

❸ 프로세스 중심의 웹사이트 구축

사용자에게 최적의 만족을 제공할 수 있도록 하기 위해서는 콘텐츠를 지속적으로 업데이트하고 웹사이트를 프로세스 중심으로 설계하고 구축하여야 한다.

02 창업지원제도

1) 창업지원제도의 내용

창업지원제도는 크게 두 종류가 있다. 하나는 창업에 필요한 가장 중요한 요소인 자금을 지원하는 정책자금지원제도와, 창업을 촉진하고 창업 중소기업을 건전하게 육성하기 위한 자금지원제도 이외의 각종 정책적 지원제도가 있다. 정부에서는 국가 경쟁력을 높이고 고용창출을 목적으로 창업지원법을 제정하여 시행하고 있다.

창업지원제도의 내용으로는 크게 창업자금지원제도, 창업기업 설립 지원제도, 행정지원제도 및 창업기업 조세지원제도가 있다.

2) 창업자금 조달방법

창업자금 조달은 크게 자기자금과 타인자금으로 구분할 수 있으며, 자기자금은 창업자가 가지고 있는 현금이나 현물을 의미하며, 타인자금은 외부에서 조달하는 모든 차입금을 말한다. 이러한 차입금은 이자나 원금상환 조건이 있어 이자를 내야 하고 상환기일에 원금도 돌려주어야 하기 때문에 자금조달계획 시 차입금 규모나 상환방법 등도 고려해야 한다.

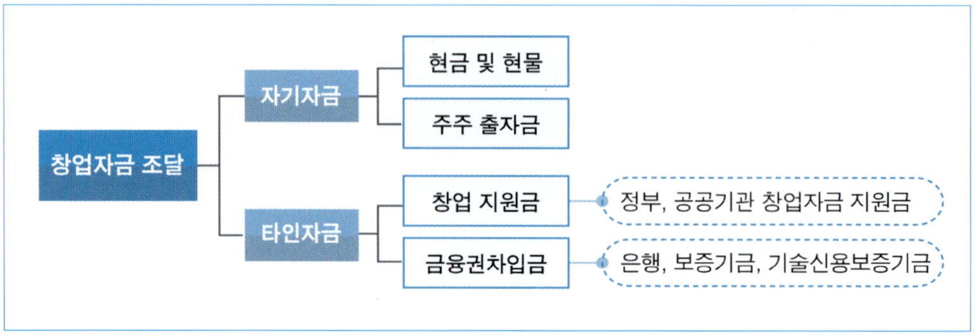

그림 12-4 창업자금 조달방법

3) 창업자금지원제도

정부나 공공기관 지방자치단체 그리고 금융기관에서는 창업에 소요되는 자금의 원활한 공급을 위해서 금융부담을 완화시켜서 창업에 성공하도록 자금을 지원하고 있다. 자금지원은 소규모 일반 창업자뿐만 아니라 특별히 국가 정책적으로 지원이 필요한 창업에 대해서는 일반금융보다 훨씬 유리한 조건으로 지원하고 있는데, 이를 정책자금이라 한다.

(1) 소상공인 창업자금

창업자금이 부족하거나 조달여력이 없는 서비스업, 도소매업 및 소규모제조업 창업자가 소상공인지원센터와 중소기업진흥공단에서 지원받을 수 있는 자금으로서 업체당 지원한도는 일반적으로 5,000만 원 이내이다. 신청자는 사업계획서를 창업자금 신청서류와 함께 소상공인지원센터에 제출하면 된다. 소상공인지원센터는 상담과 서류 심사를 통해 창업신청자의 경영능력, 사업실현 가능 타당성, 자금조달능력 및 신청금액 적정성을 평가하여 보증추천서를 발급해 준다. 이 보증추천서를 통해 해당 지역에 있는 신용보증재단에 제출하고 보증서를 발급받아 금융기관에 가서 필요한 자금을 대출받을 수 있다.

(2) 청년창업 지원자금

우수한 창업아이템이나 아이디어를 보유한 청년들에게 창업을 촉진할 목적으로 지원되는 자금인데, 이 창업자금은 창업교육과 컨설팅을 패키지 형태로 지원한다.

지원 대상은 문화콘텐츠업, 지식서비스업 및 신규제조업을 영위하려는 예비 창업자 및 창업한지 3년 미만의 기업에 해당된다. 이 자금 신청자는 사업계획서를 첨부하여 자금을 신청하면 접수와 동시에 창업교육과 컨설팅 실시 결과를 통해 사업타당성을 평가받아 적합 판정을 받으면 지원대상자로 결정된다.

(3) 우수발명품 제작지원

아이디어를 이용하여 창업하고자 하는 경우, 특허청과 한국발명진흥회에서 특허기술사업화에 앞서 등록 특허, 등록유지 결정된 실용신안권과 작품 제작비용이 부족한 창업자에게 작품 제작비용을 지원하는 자금이다. 이 외에도 발명의 기술성, 사업성 구축 및 평가에 소요되는 평가수수료를 지원하는 자금과 특허가치평가에 의한 사업화 자금지원이 있다.

(4) 지방자치단체의 창업지원자금

우리나라 각 지방자치단체는 지방 중소기업의 육성발전 및 창업의 활성화를 위하여 해당지역의 창업자를 위하여 창업자금을 지원하고 있다. 지방자치단체의 각 시와 도에서 지원하는 창업자금은 창업 후 2년 이내의 기업을 대상으로 최장 8년 이내에서 저리로 자금을 지원하고 있는데, 각 시・도 지방자치단체별로 창업자금 종류, 지원 대상, 금액 등 지원조건이 다양하므로 창업자금을 지원받으려면 해당 지방자치단체 담당부서로 문의하여 자세한 사항을 알아보아야 한다.

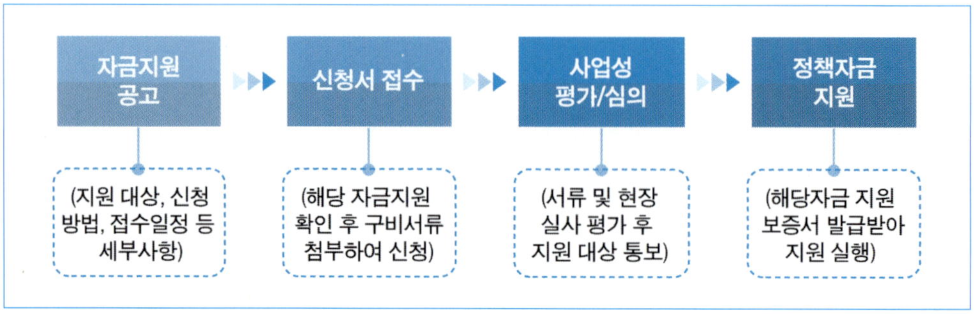

그림 12-5 정책자금 지원절차

4) 창업지원제도

창업자금지원제도 외에 기술과 사업성을 가지고 있으나 사업장이나 창업부지 또는 시설을 확보할 수 없는 창업자에게 창업입지 선정, 창업보육센터, 벤처 창업 타운, 연구소 내 공장설치 등을 통해 창업이 원활하게 진행될 수 있도록 하는 제도이다.

(1) 창업 입지지원

창업지원법에 의거 중소기업 창업자가 제조업을 영위하기 위해 국가, 지방자치 단체, 농공단지가 아닌 개별입지에 공장을 설립하고자 하는 경우 농지, 산림, 환경 등에 의해 개별적으로 받아야 하는 복잡한 인허가 사항을 일괄 처리함으로써 절차를 간소화하여 공장 설립을 지원하는 승인제도이다. 제조업 공장을 설립하고자 하는 자로 창업 사업계획 승인을 받으려면 시 · 군 · 구청에 설치된 중소기업 창업민원실에 비치되어 있는 창업사업계획 승인신청서에 관련 서류를 첨부하여 시장, 군수, 구청장에게 제출하면 된다.

(2) 창업보육센터

창업보육센터(BI: Business Incubator)는 창업자나 창업 후 사업을 운영하는 사업자들에게 창업 및 경영 전반에 대한 전문가와 시설을 갖추고 창업을 지원하는 기관이다. 창업에 어려움이 있는 예비창업자에게 창업시설 및 창업정보, 경영, 세무, 기술지도 등을 통해 창업에 따른 위험부담을 줄이고 성공적인 창업을 돕기 위해 설치된 기관이다. 이러한 창업보육센터는 대학의 기술지원, 벤처기업 공동연구 등을 목적으로 대학, 공공연구기관, 지방자치단체 및 민간기관에 설립되어 있다. 창업보육센터에 입주할 자격이 주어진 창업자는 여러 가지 혜택을 받을 수 있는데, 다음과 같다.

첫째는 소자본 창업자나 예비창업자에게 창업방법과 경영기법을 빠르게 습득할 수 있는 기회가 주어진다. 창업세미나 및 창업스쿨 등 교육기회를 통해서 혼자 독립적으로 준비하는 것보다 비용도 절약하고 빠른 시간 내에 효율적으로 준비할 수 있다.

둘째는 보육센터는 중소벤처기업부 등 공공기관 등과 유기적인 관계를 가지고 있어 창업에 유용한 다양한 정보를 제공받을 수 있고, 다른 입주업체의 사업자와 관련기관으로부터 많은 정보를 공유하여 활용할 수 있는 기회가 주어진다.

셋째는 각 분야의 전문가 카르텔(cartel)을 활용할 수 있다. 각 보육센터에는 각 분야의 전문가로 구성된 인적 네트워크가 연결되어 있어 아이템의 사업성 분석, 사업계획서 작성, 특허출원 및 세금상담 등 에 대해서도 전문적으로 지도를 받을 수 있다.

넷째는 창업비용 등 사업 수행에 따른 비용을 절감할 수 있다. 센터에 입주하여 창업 시에는 저렴한 임대료 및 관리비와 함께 사무실 운영에 필요한 컴퓨터, 집기, 비품, 통신 인프라 등이 구축되어 있어서 이에 대한 구입 및 운영비용을 현저히 줄일 수 있다.

(3) 벤처 창업타운

벤처 창업타운은 벤처기업 육성을 촉진할 목적으로 우수한 기술과 전문인력이 풍부한 벤처기업 및 창업투자회사, 금융기관, 신용보증기금을 동시에 입주하게 하여 우수한 아이템을 쉽게 창업할 수 있도록 각종 서비스를 원스톱으로 제공할 수 있는 창업인프라를 구축한 지역이다. 이곳은 특별히 벤처 창업기업에 적합한 입지를 저렴한 가격으로 공급함으로써 벤처기업 창업촉진 및 육성발전에 기여하고 있다. 벤처기업 직접시설은 교통, 정보통신, 연구시설, 금융 등 기능이 집중되어 기업 경영여건이 우수한 도심에 벤처기업이 단체로 입주할 수 있는 공간을 사전에 확보하기 위하여 민간빌딩 등을 벤처기업 직접시설로 지정하여 지원하는 제도이다.

5) 창업행정지원제도

중소 창업기업을 지원하기 위하여 정부 및 중소기업 관련 기관에서 창업자에 대한 창업컨설팅, 정보, 기술 인력 지원 등 각 분야별로 전담기관을 두어 행정적으로 지원하는 동시에, 우수한 기술인력이나, 교수, 연구원 등을 벤처기업 창업에 원활히 공급되게 하기 위해 각종 인력지원제도가 있다.

(1) 창업절차 간소화 제도

중소 제조업 창업을 위해 공장을 설립할 경우에 창업자는 인허가 절차 등으로 인하여 공장 설립 착공이 지연되는 등 창업과정에 애로사항으로 작용하는 사례가 많았는데, 이러한 애로사항을 해결하기 위해 중소기업 창업지원법에 창업사업계획 승인제도를 시행하여 중소 창업기업이 공장 설립 이전에 시장, 군수, 구청장으로부터 승인을 받게 되면 공장 설립과 관련된 30~60개에 이르는 법률과 인허가 사항을 일괄 처리할 수 있게 됨으로써 공장 설립절차가 간소화되었다.

(2) 창업정보 제공제도

창업자 및 예비창업자에게 창업과 관련된 각종 정보를 제공하여 그들이 필요로 하는 유용한 정보를 신속하고 편리하게 활용하여 빠른 시간 안에 성공적인 창업이 이루어지도록 하는 기관과 단체들이 있다. 창업과 관련된 정보 제공기관으로는 중소기업청, 소상공인지원센터, 중소기업진흥공단, 중소기업 창업투자회사, 중소기업 창업투자조합, 중소기업상담회사, 상공회의소, 정보통신연구 진흥원, 한국소프트웨어 진흥원, 한국경영기술컨설턴트협회, 근로복지공단, 한국여성경제인단체 등 다양한 기관이 있다. 이 외에도 각 지방자치단체의 중소기업 민원실, 신용보증재단, 신용보증기금, 기술신용보증기금, 한국수출보험공사, 중소기업 기술지원센터, 미소금융재단 등에서도 신규창업을 위한 각종 창업정보를 제공하고 있다.

(3) 스톡옵션 및 병역특례제도

스톡옵션(stock option)제도는 주인의식을 고취하여 성취의욕을 높이고자 하는 제도로서 회사가 임직원에게 자기회사 주식을 일정량만큼 매입할 수 있는 권리를 부여하는 것이다. 이 제도를 도입하는 경우 스톡옵션에 대한 세제 감면으로 벤처기업이 고급인력을 확보하고 경쟁력을 제고할 수 있도록 지원하는 것이다. 한편, 벤처기업의 우수 기술인력을 확보하기 위한 병역특례 전문연구원제도가 있다. 병역특례 전문요원으로 선발된 연구원은 병역특례지정업체로 선정된 벤처기업에 종사할 수 있으며 의무종사기간 내에서 새로이 선정된 병역특례지정 벤처기업으로 전직할 수 있다.

(4) 조세지원제도

정부는 유망한 사업아이디어를 가진 자가 쉽게 창업을 할 수 있도록 절차를 간소화하고 금융 및 세제상 지원을 하고 있다. 창업기업이나 벤처기업에 투자한 금액에 대해서는 법인세, 소득세, 등록세, 재산세 및 개발이익부담금 등 관련 세금을 전액 면제해 주거나 일부를 감면하는 등의 조세지원을 하고 있다. 또한 창업자뿐만 아니라 창업자를 지원하는 기관인 창업투자회사를 비롯하여 투자조합 등에도 특별한 세제지원을 함으로써 이들 지원기관이 활성화되도록 뒷받침하고 있다.

학습 요약

1. 창업이 가장 많이 이루어지는 업종은 서비스업이며 창업절차는 아이템 선정, 사업 타당성 분석, 상권 및 입지 선정, 개업 준비 순서로 이루어진다.

2. 유통업(도소매업), 프랜차이즈, 인터넷 비지니스 창업 등은 창업방법과 절차가 모두 상이하므로 업종별 특성을 면밀히 검토하여 준비하여야 한다.

3. 창업을 지원하는 제도는 크게 자금을 지원하는 정책자금지원제도와 창업을 육성하기 위한 행정지원제도가 있다.

4. 창업자금은 정부나 지방자치단체 그리고 공공기관을 통해서, 소상공인 창업자금, 청년창업 지원자금을 비롯한 다양한 정책자금을 지원받을 수 있다.

5. 창업 행정지원제도는 창업절차 간소화 제도, 창업정보 제공제도 스톡옵션 및 병역특례제도, 조세지원제도 등 다양한 방법으로 도움을 받을 수 있다.

Worksheet 12-1

1. 프랜차이즈 창업과 인터넷 비지니스 창업절차에 대해 알아보자.

2. 금융기관을 통해 창업자금 융자는 어떠한 절차를 통해 이루어지는가?

Worksheet 12-1

3. 창업을 위해 도움을 받을 수 있는 행정지원제도는 어떠한 점들이 있는가?

4. 정부나 공공기관을 통해 지원받을 수 있는 창업자금은 어떠한 것들이 있는지 알아보자.

참고문헌

김경진 · 오은미 · 김만석 · 이태현 · 임영수 · 최인희 · 김선애(2018). 대학생을 위한 취업과 창업전략. 수양재.

김동연 · 김진수(2013). 한국의 국가직무능력표준(NCS) 개발 동향 분석. 한국기술교육학회지, 13(3), 22-46.

김두순 · 서현주(2015). 직업심리검사결과를 활용한 노동시장 성과 분석. 한국고용정보원.

김봉환 · 강은희 · 강혜영 · 공윤정 · 김영빈 · 김희수 · 선혜연 · 손은령 · 송재홍 · 유현실 · 이제경 · 임은미 · 황매향 공저(2014). 한국상담학회 상담학 총서 6 진로상담. 학지사.

김영화(2015). 교육사회학. 서울: 교육과학사.

노경란 · 현영섭 · 박소현 · 이효남 · 변정현(2010). 청년층 직업지도 프로그램. 한국고용정보원.

노안영 · 강영신(2003). 성격심리학. 학지사.

돈리처드 리소 · 러스 허드슨. 주혜명 역(2002). 에니어그램의 지혜. 한문화.

박성미(2011). 직업능력의 요소로서 핵심역량 분석. 직업교육연구, 30(3), 327-351.

송병일 · 박영주(2009). 직업진로설계와 취업전략. 학지사.

송원영 · 김지영(2010). 커리어포트폴리오를 통한 대학생의 진로설계. 학지사.

윤정일 · 김민성 · 윤순경 · 박민정(2007). 인간능력으로서의 역량에 대한 고찰: 역량의 특성과 차원. 교육학연구, 45(3), 238.

이재희 · 임영수 · 김미선 · 박연희 · 김경진(2016). NCS 직업기초능력 의사소통능력. 양성원.

이태현 · 김경진 · 김명진 · 정은희 · 허현자 · 최인희(2018). 성공할 수밖에 없는 대학생활과 진로설계. 양성원.

이혜영 · 강순희(2017). 대졸자의 직업가치와 첫 일자리 직업적응에서 기업특성이 미치는 영향. 취업진로연구, 7(2), 125-149.

임규혁(1999). 교육심리학. 학지사.

워크넷. www.work.go.kr

정석용 · 이규은(2010). 자기계발과 직업. 동문사.

조선일보. 앞으로 3년 최악의 취업빙하기. 2017. 2. 7. 기사.

http://news.chosun.com/misaeng/site/data/html_dir/2017/02/07/2017020700339.html

조성연 · 문미란 · 송선희(2012). 진로솔루션 워크북. 학지사.

조성진 · 강재열 · 황윤성 · 양승호(2017). 대학생을 위한 진로탐색과 취업전략. 양성원.

조용개 · 손연아 · 이석열 · 이은화 · 이희원 · 장상필(2010). 대학생활을 위한 학습전략 포트폴리오. 학지사.

주인중 외(2010). 기업체에서의 역량모델 개발과 활용실태 분석. 직업교육연구, 29(3), 311.

주인중 · 박동열 · 진미석(2010). 직업기초능력 영역 및 성취기준 연구. 한국직업능력개발원.

주인중 · 조정운 · 임경범(2010). 국가직무능력표준(NCS) 사업의 현안 및 정책방안. THE HRD REVIEW 2010 AUTUMN, 21-39.

최정훈 · 이훈구 · 한종철 · 윤진 · 정찬섭 · 오경자(1999). 인간행동의 이해. 법문사.

통계청. 2018년 경제활동인구조사.

http://kosis.kr/statHtml/statHtml.do?orgId=101&tblId=DT_1DA7012S&vw_cd=&list_id=&scrId=&seqNo=&lang_mode=ko&obj_var_id=&itm_id=&conn_path=E1#

한국경영자총협회. 2016년 신입사원 채용실태조사결과. 경제조사본부 경제조사2팀.

한국경영자총협회. 2017년 신입사원 채용실태조사결과. 경제조사본부 경제조사2팀.

한국고용정보원. http://statistics.keis.or.kr/stats/subIndex/1257.do

한국고용정보원(2007). 직업심리검사 효과성 연구.

한국고용정보원(2008). 직업선로도 검사 개정 연구 보구서(1차연도).

한국산업인력관리공단. http://www.hrdkorea.or.kr/3/8/1.

한국심리검사연구소. http://www.kpti.com.

황매향 편저(2010). 진로탐색과 생애설계. 학지사.

Karen VanHover · 문정화 공저(2001). 나를 찾는 여행. 학지사.

NCS 국가직무능력표준 https://www.ncs.go.kr

NCS 국가직무능력표준 https://www.ncs.go.kr/ncs/page.do?sk=P1A1_PG01_003.

NORMAN C. GYSBERS · MARY J. HEPPNER · JOSEPH A. JOHNSTON. 김봉환 역(2009). 진로상담의 실제. 학지사.

Richard S Sharf. 이재창 · 조봉환 · 안희정 · 황미구 · 임경희 · 박미진 · 김진희 · 최정인 · 김수리 공역(2008). 진로발달이론을 적용한 진로상담. 아카데미프레스.

Vernon G. Zunker. 김완석 · 김선희 역(2009). 커리어상담. 시그마프레스.

Walter Mischel. 손정락 역(1997). 성격심리학. 교육과학사.

찾아보기

저 | 자 | 소 | 개

▪ **한상진**
홍익대학교 대학원 교육학 박사수료
현, 숭실대학교 베어드학부대학 초빙교수
청운대학교 외래교수

▪ **김만석**
한국과학기술원(KAIST) 경영학 석사
미국 캘리포니아 U. C. IRVINE 금융공학 전공
현, 한국영상대학교 겸임교수

▪ **김광우**
경기대학교 외식조리관리학 박사
현, 국제대학교 호텔외식조리과 교수

▪ **김민호**
경희대학교 환경학 이학박사
현, 국제대학교 보건의료행정과 교수

▪ **김용기**
경희대학교 관광경영학 석사
현, 국제대학교 호텔관광경영과 교수

▪ **김중기**
호서대학교 유아교육학 박사
현, 국제대학교 아동보육과 교수, 평생교육원원장

▪ **최성규**
세종대학교 호텔관광경영학 석사
현, 국제대학교 호텔외식조리과 교수

▪ **황혜원**
숙명여자대학교 교육학 박사
현, 정화예술대학교 교양과정부 조교수

필승 취·창업노트

1판 1쇄 인쇄 — 2018년 8월 30일
1판 1쇄 발행 — 2018년 9월 5일

저 자 - 한상진 김만석 김광우 김민호
김용기 김중기 최성규 황혜원
발 행 인 - 강 철 원
발 행 처 - 양 성 원
주 소 - 경기도 파주시 검산로 173번길 29-20
전 화 - 031-946-3861(代)
팩 스 - 031-946-3864
이 메 일 - tnwpub@naver.com
홈페이지 - tnwpub.co.kr
출판등록 - 2015년 8월 31일 제 2015-000211 호

ISBN 979-11-6126-131-7

정가 15,000원